平凡社新書
892

バブル経済とは何か

藤田勉
FUJITA TSUTOMU

HEIBONSHA

バブル経済とは何か●目次

第4章　米国「双子の赤字」とバブル崩壊の歴史

第5章　仮想通貨はバブルか

第6章　AI革命が株式相場を牽引する

はじめに

将来のことは誰にもわからない。もちろん、この業界でプロとして長く生き抜いてきた筆者でも、株価の予想はたいへん難しい。ただし、将来のことはわからないが、歴史を調べることは可能である。歴史を十分に知った上で将来を予想するのと、歴史を知らずに将来を予想するのでは、どちらの方が、予想が当たる確率が高まるであろうか。

筆者は、明らかに前者であると考える。「歴史は繰り返す」、「愚者は経験に学び、賢者は歴史に学ぶ」、「歴史が証明する」など、歴史の重要性を伝える故事は多い。

筆者の愛読書はC・M・ラインハート、K・ロゴフの世界的なベストセラー『国家は破綻する――金融危機の８００年』（原題 *This Time is Different*）である。何度も、人々は「今回は違う（This time is different）。我々は歴史に学んだ。同じ失敗は繰り返さない（金融危機は来ない）」と考える。

しかし、現実には、バブルは何度もやってくる。毎回、バブルは形を変えてやってくるため、その最中にバブルが発生していることは容易に認識できない。そして、当たり前のことではあるが、崩壊しないバブルはない。そのため、何世紀にもわたり、金融危機は繰り返しやってくるというのが歴史の教訓である（第1章参照）。

もう一つ、筆者の好きな言葉がある。「不都合な真実」である。株価が永遠に上がり続けることがないことは、株のプロにとっては常識である。長期上昇相場の最終局面で株価は急上昇し、最後は、熱狂のなかで相場は大転換する。歴史的に、長期上昇相場がいったん崩れると、株価は短期間に半値以下になる。これも、プロなら常識である。

しかし、人間は欲に目がくらむと、このような「不都合な真実」に目をつぶるものである。そして、「今回は違う」と自分に言い聞かせて、高値で株を買い上がるのである。これが、忘れた頃に、バブルとバブル崩壊がやってくる理由である。

株価の決定要因は、景気、金利、政治、安全保障などのマクロ要因と、企業業績や技術革新などのミクロ要因に大別できる。

10年といった長期間では、株式市場は企業が発行する株式の集合体であるため、株価はミクロ要因に大きな影響を受ける。実際に、インターネット革命を原動力として、21世紀の世界の株式市場は、ITバブルの崩壊、リーマン・ショックを乗り越えて大きく上昇してきた。アマゾン・ドット・コム（以下、アマゾン）やソフトバンクグループ（以下、ソフトバンク）など成長企業の株価は、危機のたびに急落したが、長期的には大きく上昇し、投資家に大きな利益をもたらした。

そして、現在、情報通信（IT）革命は人工知能（AI）革命に進化し、自動運転、ロボット、フィンテックなどの新市場が急成長している。よって、長期的な世界の株価上昇基調に変化はないと考えられる。

一方で、リーマン・ショックに代表されるように、1、2年単位では株価はマクロ要因に大きな影響を受ける。そして、現在、地政学リスクとともに、米国の「双子の赤字」（経常収支、財政収支の赤字）などマクロ要因のリスクが高まりつつある。

いずれもその中心人物は、米国ドナルド・トランプ大統領である。トランプ政権の政策は、メキシコとの壁の建設、特定国からの入国制限、一方的な関税引き上げ、イスラエルでの大使館の移転、シリア爆撃、北朝鮮との批判応酬と首脳会談、先進国首脳会談（G7サミット）での孤立、史上最大規模の大減税など、過激にみえるものが多い。ビジネスマン出身の大統領であるトランプの出現は、突然変異のようにみえる。

しかし、事前の予想を覆し、2016年の大統領選挙において、トランプはヒラリー・クリントンに圧勝した。つまり、トランプは国民の選択に従い、その時の選挙公約を着々と実行しているに過ぎない。言い換えると、トランプの外交・安全保障政策や経済政策は、偶然の産物ではなく、歴史的な必然なのである。


著者自身の30年以上の体験で得られた歴史の教訓は、「バブルは10年に一度やってくる」というものである。1989年の日本の資産バブル、2000年のITバブル、2007年の米国住宅バブルと、バブルはおよそ10年に一度やってくる。

2009年安値から2018年高値までの8年10ヵ月の間に、日本株（日経平均）は3・4倍、米国株（S&P500）は4・2倍に上昇した。これは、リーマン・ショック前の上昇相場を大きく上回る。

2020年代にかけてAI革命相場は続くと予想され、長期的には、大きな上昇過程にあるものと思われる。ただし、リーマン・ショック発生から10年を経て、相場は成熟期にある。何らかのきっかけによって、株価は短期的には急落する可能性がある。

そこで、本書では、歴史的、そして地政学的な視点から株式相場に関わる要因を分析し、2020年代の世界の株式市場を展望する。

なお、特に断りのない限り、日本の株価指数は東証株価指数（TOPIX）、米国の株価指数はスタンダード・アンド・プアーズ500種指数（S&P500）を指す。1ドルは110円で換算した。

第1章　バブルの歴史とその教訓

1　世界のバブルの歴史

バブルの発生と崩壊は繰り返す

歴史的に、世界は多くのバブルとバブル崩壊を繰り返してきた。17世紀のオランダのチューリップバブル、18世紀の英国の南海泡沫事件、1920年代の米国の「狂騒の20年代(Roaring Twenties)」(その後の大暴落、大恐慌、世界恐慌)など、バブルの歴史は長い。

そして、戦後の世界と日本の代表的なバブル(あるいは、ブーム)として、1970年代の日本列島改造ブーム、1980年代の日本の資産バブル、1990年代のITバブル、2000年代の米国住宅バブルがあった。このように、1971年のブレトン・ウッズ体制(固定相場制)崩壊後、10年に一度、大きなバブルが生まれていることに注目したい。

過去100年間の世界のバブル崩壊の双璧は、1929年の大恐慌と2008年のリーマン・ショックである。

ただし、大恐慌の規模は、リーマン・ショックなど他のバブル崩壊と比べても圧倒的に

1－1　日米株価の推移

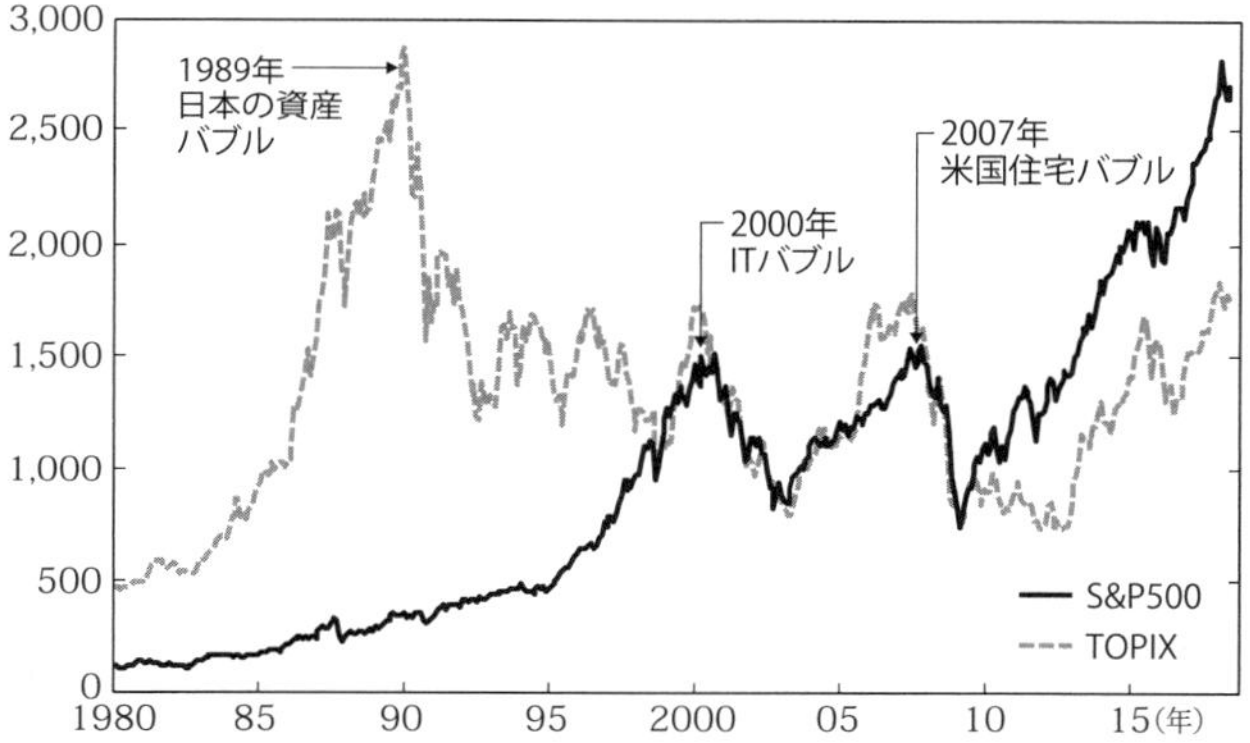

出所：ブルームバーグ

期間が長く、かつ傷が深かった。大恐慌は、歴史上、もっとも厳しい景気悪化をもたらし、かつ株価下落率も最大であった。大恐慌の時代は、ケインジアン経済学が存在しておらず、資本市場法制も整備されていなかった。このため、大暴落（株価下落）が大恐慌（米国内の不況）となり、それが、最後には世界恐慌となった。

一方で、リーマン・ショック前後の株価下落率は、最初の１年半は大きかったものの、短期で収束し、下落期間は短かった。「１００年に一度の危機」といわれたリーマン・ショックであるが、大恐慌並みに株価が下落したのは最初の１年半だけであり、その後は、急速に回復した。

このように、バブルの発生と崩壊は、経済学や法制度の進化や発展によっても大きな影響を受ける。これらを踏まえて、バブルの発生とその崩壊の歴史を振り返る。

バブルとは何か

バブルとは、金融資産や不動産の価格が実質的な価値から大きく乖離し、しかも、それが長期間にわたって持続することによって発生する〔Brunnermeier Markus K. and Oehmke Martin, "Bubbles, Financial Crises, and Systemic Risk", Handbook of the Economics of Finance, Volume 2, George M. Constantinides, Milton Harris & Rene M. Stulz, eds., North Holland, December 2012; *Economic Theory Center Working Paper* No. 47, 2012, p.12〕。過度に資産価格が高い状況が長く続くと、それが消費などを増加させるような資産効果が発生し、そして、過剰投資が起こる。その結果、経済成長率が本来の実力よりも高くなり、景気が過熱する。景気過熱は、株式市場や不動産市場の過熱を生み、それが長続きするとバブルとなる。

バブルという比喩が用いられたのは、1720年の南海泡沫事件からである〔エドワード・チャンセラー著『バブルの歴史――チューリップ恐慌からインターネット投機へ』（山岡洋一訳、日経BP社、2000年）46頁参照〕。ただし、チューリップバブルや南海泡沫事件では、当時、チューリップ市場や株式市場の規模が小さかったため、それらによって実体経済には大きな混乱が生じていない。バブルといっても、ファンダメンタルズの裏付けがまったくないというわけではない。多くの場合、実態よりも株価などの資産価格が上昇しすぎて発生する。

たとえば、日本のバブルの時も、日本の経済成長率は先進国のなかではもっとも高く、ハイテク産業を中心に企業の国際競争力も高かった。よって、株式や不動産が値上がりするのは当然であった。「財テク」という言葉が流行したのもこの時期である。企業がマイナス金利の転換社債やワラント債を発行し、それを株式などに投資して、利ざやを稼ぐものである。その結果、相場がオーバーシュートし、かつ長期化したため、バブルとなった。

リーマン・ショックを生むこととなった米国の住宅バブルも同様である。米国の人口は増えているが、特に、気候の温暖なカリフォルニア州やフロリダ州には裕福な高齢者が引退後に移住している。このため、住宅価格が上がるのは当然である。これにサブプライムローンなどの証券化商品などが加わり、一部の地域で住宅価格の過度な上昇が起こった。

なお、日本では、リーマン・ショック、あるいは、サブプライム危機という呼び方が一般的だが、世界的には、世界金融危機（Great Financial Crisis）と呼ばれる。以下、日本で一般的な呼称であるリーマン・ショックを用いる。

世界の金融市場の発祥と宗教

貨幣経済は、紀元前5世紀から紀元前4世紀に、古代ギリシャや中国で生まれた〔雨宮健「古代ギリシャと古代中国の貨幣経済と経済思想」(Discussion Paper No. 2012-J-1、2012年1月)〕。資本主義経済の中核となる会社の起源は、古代ローマ時代のパートナーシップ制にさかのぼる〔Henry Hansmann, Reinier H. Kraakman, and Richard C. Squire, "Law and the Rise of the Firm", *Yale Law & Economics Research Paper* No. 326 (January 2006), pp.19-20, 23-24, 38-41.〕。そして、本格的な金融業の発展は中世以降のことである。

欧州における金融業の発達は、宗教と密接に関係がある。ユダヤ教から派生して生まれたのがキリスト教とイスラム教である。旧約聖書は、ユダヤ教およびキリスト教の正典である。旧約聖書申命記23章19は、利息を取り立てることを禁じているため、ユダヤ教のみならず、ユダヤ教をルーツとするキリスト教とイスラム教も利息を認めなかった。このため、永く、金融業の中心である融資は発達しなかった。ただし、旧約聖書申命記23章20は、「外国人から利息を取り立ててもいい」ことを明記している。この場合の外国人とは、異教徒という意味である。現在も、ユダヤ教は、ユダヤ教徒からの利息の取立てを禁止し、イスラム教は全面的に利息の取立てを禁止している。ローマ教皇の権力が高まった中世に、貸金業は、宗教的に厳しい制限を受けた〔中島健二「中世西欧の高利禁止法に関する一考察――そのねらいは何だったのか」(『金沢大学経済論集』32、1995年3月25日) 78頁参照〕。

13世紀の第176代ローマ教皇インノケンティウス3世（在位：1198～1216年）時代に、教皇権は絶頂を迎えた。キリスト教全盛時代に、異教徒であるユダヤ教徒の本格的な排斥が始まった。1215年に、キリスト教徒によるキリスト教徒への利息付き金貸しが厳禁されたため、キリスト教徒は金融業に従事できなくなった。そして、ユダヤ人がすべての公職、ギルドから追放され、職業が厳しく制限された。

ユダヤ教徒も、ユダヤ教徒に対して、利息を取り立てることは禁止されている。ただし、周囲の多くは異教徒であるキリスト教徒であるため、ユダヤ教徒がキリスト教徒を相手に貸金業を営むことが可能であった。結果的に、正業につくことができなくなったユダヤ教徒が中心となって貸金業が存続することとなった。

チューリップバブルの発生

世界の金融業が本格的に始まったのが、ルネサンス時代のイタリアの都市国家（ベネチア、フィレンツェなど）であった。当時は、貿易商と金融業が一体となっており、マーチャントバンクとも呼ばれた。日本の商社の機能に近い。
本格的な国際金融市場の歴史は、13世紀のイタリアにさかのぼる〔松岡和人「15世紀西欧の為替手形為替レートと利子率に関する一考察」（『愛知教育大学研究報告』56 人文・社会科学編、２００７年３月）１３９〜１４４頁参照〕。遠隔地交易の発展とともに、イタリアでは為替取引が発達し、現在の国際金融取引の原型が生まれた。当時、イタリア北部の都市の商人が、高利貸しを営んでいた〔森田鉄郎「経済のルネサンスか、ルネサンスの経済か」（『城西大学経済経営紀要』５〔２〕、１９８２年12月）31頁参照〕。利息を徴収することは宗教上の制約があったため、金融業者は、為替手形を発行し、手数料をとる形で、融資と送金を行った。

15世紀以降のルネサンス、大航海時代の到来によって、国際金融業が急拡大した。当初は、ジェノバ、ベネチアなどのイタリア都市国家が優勢であったが、15世紀の大航海時代になって、その中心地はスペイン、ポルトガルへとシフトした。１４９２年に、キリスト教徒がレコンキスタ（スペイン再征服）を成功させ、イスラム教徒とユダヤ教徒を駆逐した。その結果、スペインで金融業を営むユダヤ人の多くは、新教徒が多いために異教徒に対して寛容であったオランダなどに移住した〔鈴木正昭訳、ジャック・アタリ著『ユダヤ人、世界とお金

（9）』「中央学院大学人間・自然論叢」第30号（2010年2月）〕。

世界の近代的な資本市場の発祥はオランダであり、17世紀には、アムステルダムが世界の金融センターとなった。世界初の株式会社は、1602年にオランダで生まれた東インド会社である。証券取引、決済銀行、金融制度の整備により、オランダには、巨額の資金が流入し、世界屈指の国際金融都市となった。

チューリップはオスマン帝国で珍重され、16世紀に欧州に伝わってきた。花の模様がどうなるかわからない不確実性から、チューリップは、投機に適していた。1634年頃から、チューリップ市場の参加者が増加し、1636年から、投機熱が最高潮に達した。投資形態は、先物取引であった。そして、1637年に、チューリップバブルが発生したが、ほどなく暴落した〔既出『バブルの歴史』37〜58頁参照〕。

英国の勃興と南海泡沫事件

17世紀において、3度にわたる英蘭戦争でオランダを圧倒した英国が世界の金融の中心地となった。1688年の名誉革命を経て、オランダの国王夫婦が、英国の国王になった。その結果、オランダの金融業者などが英国に本拠を移転した。その後、産業革命、植民地経営の成功による資本の蓄積、商業・金融の集積地としてのロンドンの台頭などによって、英国が20世紀初頭まで世界の金融の中心の地位を維持した。

１７２０年に、英国の南海会社（South Sea Company）の株価急騰に起因する南海泡沫事件が発生した。泡沫企業が多く誕生し、泡のように消えていったので、南海泡沫事件と呼ばれる。当時の英国は、会社の設立は自由ではなく、政府の許可を得ることが必要な特許主義であった。しかし、実際には、政府の特許を得ず設立される会社が多かった。このため、内容の伴わない株式会社が大量に設立され、それらの株式が大量に発行された。これらが、株式市場全体のバブルを形成した。

１７２０年に、泡沫会社規正法（Bubble Act）が制定され、非特許会社の規制が強化された。これにより、株価は急落に転じ、バブルは崩壊した〔Richard W. Painter, "Ethics and Corruption in Business and Government: Lessons from the South Sea Bubble and the Bank of the United States", *Minnesota Legal Studies Research Paper* No. 06-32, p.7.〕。１８２５年に泡沫会社規正法が廃止されるまで、株式会社の設立は厳しく規制された。

１７２０年のピークをつけるまでの１年間に南海会社の株価は９・４倍になった（その後株価は88パーセント下落）〔Peter Temin, and Hans-Joachim Voth, "Riding the South Sea Bubble", *MIT*

Department of Economics Working Paper No. 04-02 (December 21, 2003), p.12〕。バブル崩壊後、1720年に設立された泡沫会社190社のうち、生き残ったのは4社のみであった〔既出『バブルの歴史』125頁参照〕。

その後も金融危機は頻発した。19世紀初頭に、ナポレオン戦争が欧州を席巻し、国家の形態が大きく変化した。19世紀初頭、ウィーン体制確立後の1820年代から1840年代、普仏戦争後の1880年前後と、三度のデフォルト（国債の債務不履行）のピークがあった。この世紀だけで、ギリシャは5回、ポルトガルは6回、スペインは8回ものデフォルトを経験している〔Carmen M. Reinhart and Kenneth S. Rogoff, "This Time is Different: A Panoramic View of Eight Centuries of Financial Crises", *NBER Working Paper*, April 16, 2008, p.25〕。

「狂騒の20年代」と大暴落

世界のバブル崩壊の歴史は長いが、そのなかで株価の落ち込みの規模がもっとも大きく、かつ長期にわたったのが1930年代の世界恐慌である。

第一次世界大戦を機に、石油、鉄鉱石、石炭などの資源に恵まれた米国が世界の大国として、急速に台頭した。そして、欧州の戦後の復興需要の高まりによって、米国の工業力は高まった。１９２０年代の米国は、自動車、ラジオなどの新技術、技術進歩による生産性向上、消費需要の拡大により、黄金の20年代と呼ばれた。そうしたなか、投機熱が高まり、株式市場は活況を呈した。ニューヨーク・ダウジョーンズ工業株30種平均（以下、ダウ平均）は、１９２４年末から１９２９年の高値まで、５年弱で３・２倍になった。こうして、「狂騒の20年代」ともいわれた。

１９２９年10月24日に、突如、株価が急落した（ブラック・サーズデー）。１９２９年の高値から１９３２年の安値まで、ダウ平均は89パーセントも下落した。株価急落後、実体経済も悪化した。１９３２年の失業率は24パーセントとなり、経済成長率はマイナス13パーセントとなった。１９２９年から１９３２年にかけて、名目ＧＮＰは44パーセントも縮小し、工業生産など他の経済指標もほぼ半減した。物価も大幅に下落し、デフレとなった。

この時期は、経済学が未発達であり、不況時には政府が有効需要を生むというケインジアン経済学は存在していなかった。さらに、株式市場では様々な不正が横行し、株価下落に拍車をかけた。１９３４年に、証券取引委員会（ＳＥＣ）が設立され、不正に対して厳しい監視がされるようになった。

１９３３年に、フランクリン・ルーズベルト大統領は、就任後１００日間で数多くの法律を成立させ、ニューディール政策を実行に移した。ただし、やや持ち直した景気は、1937年に再度悪化した。

1941年に、真珠湾攻撃をきっかけに米国は第二次世界大戦に参戦した。武器製造など軍需の増大により経済が復興し、失業率は1933年のピークの25パーセントから1943年の2パーセントまで低下した。つまり、大恐慌が終わったきっかけは、ニューディール政策ではなく、大暴落から12年後の米国の参戦だった。

ニクソン・ショックと石油危機

戦後、ブレトンウッズ体制（ドルの固定相場制）の下で、世界経済と金融市場は安定した。1ドル360円で為替相場が固定されていたため、原油などの資源価格も安定していた。世界経済は大いに繁栄し、1960年代は「黄金の60年代」と呼ばれた。ただし、60年代に、ベトナム戦争などにより米国経済が疲弊し、その一方で、日本やドイツが台頭した。

それが変化したのが、ブレトンウッズ体制とスミソニアン体制の崩壊である。米国が金1オンスを35ドルで買い取ることを保証するシステムは制度疲労を起こし、1971年にリチャード・ニクソン大統領は金ドル交換を停止した。これにより金ドル本位制は終焉し、ニクソン・ショックと呼ばれた。1973年に、主要国の為替相場は、変動相場制に移行し、それ以降、世界経済や金融市場は不安定化した。

原油価格はドル建てであったため、産油国にとっては、ドル安は、原油価格が事実上下がったことを意味する。そこで、石油輸出国機構（OPEC）はカルテルを組んで、原油価格を引き上げようとした。これに、中東の戦争、革命が加わって、石油価格が大きく上昇した。

以降、為替相場、原油価格の変動をきっかけに、世界で経済、金融市場が大きく混乱するようになった。その代表例が、二度にわたる石油危機（1973年、1979年）、プラザ合意（1985年）、ブラックマンデー（1987年）、中南米累積債務危機（1980年代後半）、日本のバブル崩壊（1990年）、ポンド危機（1992年）、アジア危機（1997年）、ロシア危機（1998年）、LTCM危機（1998年）などである。

ただし、これらは短期的な混乱や地域的なバブル（例：日本）にとどまり、世界的なバブルやバブル崩壊には至らなかった。1970年代は、ニクソン・ショックと石油危機による大きな混乱があったものの、1980年代は、G7サミット、財務大臣・中央銀行総裁会議（G7など）による国際政策協調が成功し、世界経済が安定的に成長した。

ITバブルの形成と崩壊

世界的なバブルが形成されたのが、2000年のITバブルであった。1990年代は、情報通信技術が発達し、インターネット、移動体通信、パーソナルコンピュータ（PC）が世界的に普及した。株式相場の上昇をリードしたのが、マイクロソフト、インテル、シスコシステムズであった。

ITバブルはインターネットバブル、あるいは、ドットコムバブルともいう。アマゾン・ドット・コムのように、社名の後にドット・コムを付けると、イメージがよくなり、株価が上がる例があった。そのため、多くのインターネット企業が社名の後にドット・コムを付けた。しかし、今となっては、主要なドット・コム企業のなかで生き残ったのはアマゾンだけである。

この時期に、バブルを長期化させた要因が、高成長と低インフレの共存である。1990年に、冷戦が終結し、世界的に軍事負担が減少し、「平和の配当」が生じた。1990年代の米国の景気拡大期間は120ヵ月と史上最長であった。

さらに、ソ連、中国などの社会主義国が実質的に資本主義に転換した。その結果、中国をはじめとする社会主義国から高品質で低廉な労働力が大量に供給された。それにより、先進国の賃金上昇圧力が和らいだ。

また、アマゾンに代表されるオンラインショッピングなどの発達により、流通業のマージンが圧縮され、ディスインフレが進んだ。インフレ率が構造的に低下した結果、景気がよくても長期金利が低下、あるいは低位安定するようになった。さらに、1997年にアジア危機、1998年にロシア危機、LTCM危機（大手ヘッジファンドの経営危機）が立て続けに発生した。危機に対応して、主要国の中央銀行は大規模な金融緩和を実施した。

さらに、エンロンやワールドコムのように、新興企業が粉飾決算などの不正を行い、実態に乏しい企業の株価が大きく上がり、バブルを増幅した。

やがて、ITバブルは崩壊し、世界の株価は半値以下になった。2000年のエンロン事件、2001年の米国同時多発テロ事件、アフガン戦争、2003年のイラク戦争と多くの戦争、事件が発生し、株価下落期間は3年にわたった。

米国住宅バブルの発生とその原因

リーマン・ショックは、「100年に一度の危機」といわれた。実際には、「戦後最大級の危機」というべき規模であるが、いずれにしても歴史に残る経済危機であったことは疑いない。住宅バブル発生の大きな原因は、主として以下の３つがある。

１、過度な金融緩和

ＩＴバブル崩壊後、２００２年以降、米国経済は回復し始めたが、アフガン戦争、イラク戦争が長引き、その影響で金融緩和は続いた（第2章で詳述）。現在では、世界の中央銀行による過度な金融緩和によってバブルが発生し、それが崩壊したことがリーマン・ショックの主因であると考えられる〔内閣府「世界経済の潮流２００８Ⅱ―世界金融危機と今後の世界経済―」（２００８年12月）〕。

２、証券化商品の成長

１９９０年代以降、住宅ローンの証券化技術が発達し、過度なレバレッジ（借り入れ）が発生した。その代表例が、サブプライムローンの証券化商品であるＣＤＯ（債務担保証券）、ＣＤＳ（クレジット・デフォルト・スワップ）、そして、ファニーメイ、ジニーメイなどの住宅抵当証券であった。

サブプライムローンとは、信用力の比較的低い借り手に対する住宅ローンである。銀行が持つサブプライムローンは証券化され、世界に広く販売された。これが、一斉に不良債権化し、世界を戦後最大の経済危機に陥れた。

3、金融規制、監督体制の不備

リーマン・ショックは、規制の緩い銀行以外の大型金融機関（リーマン・ブラザーズやAIGなど）の経営破綻が世界に拡大したものである。さらに、急速に拡大した証券化商品、デリバティブなどの規制が整備されていなかった。

サブプライムローンの貸出急増により、将来の住宅価格の上昇を見込んで、中低所得層の住宅取得、投資目的の住宅取得、そして、借り換え需要が急増した。つまり、本来は、住宅を買う能力のない人にまで、銀行が金を貸していたのである。

その結果、住宅価格が大きく上がり始めた。特に、引退した裕福な人々が、温暖な気候を求めて移住してくるフロリダ州、カリフォルニア州、アリゾナ州、そしてラスベガスがあるネバダ州の住宅価格は、2001年から2006年までの5年間に約2倍になった（FHFA住宅価格指数）。

1－2　米国主要都市の住宅価格指数の推移

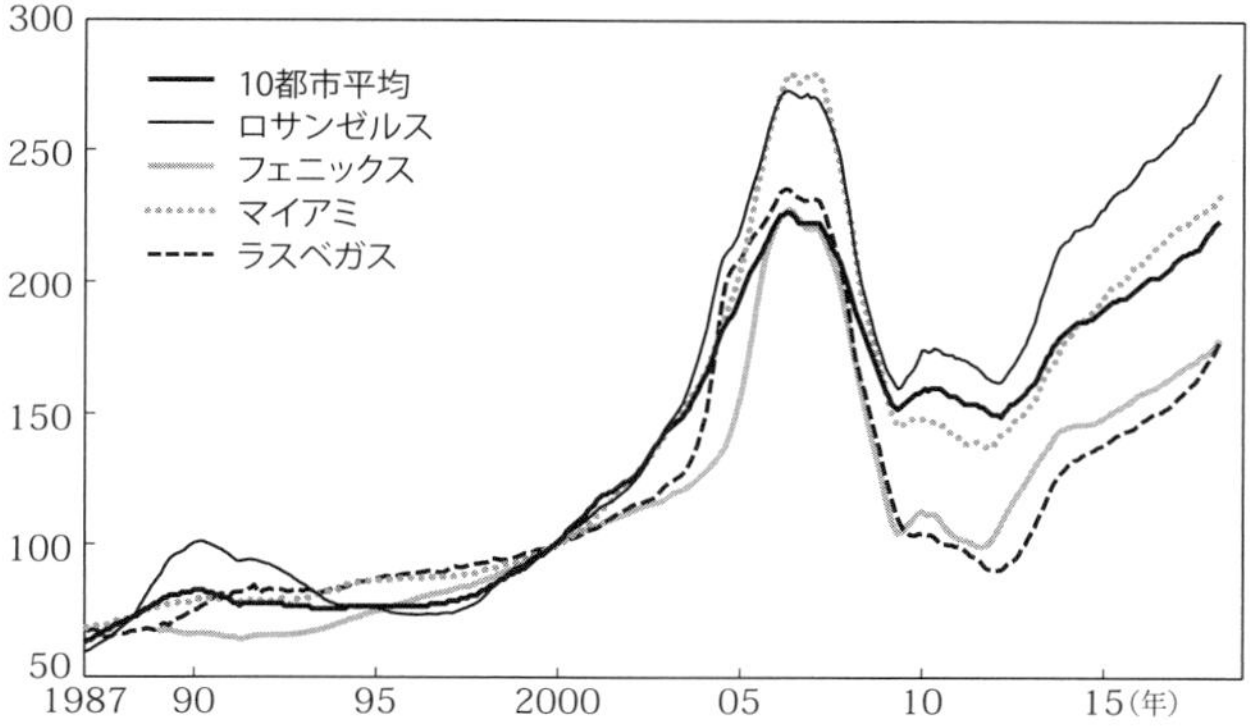

出所：S&P/Case-Shiller Home Price Indices

米国住宅バブルの崩壊とリーマン・ショック

２００６年後半以降、住宅価格のピークアウト、住宅投資の減速により、サブプライムローンの延滞率、差押率が急上昇した。やがて、米国連邦準備制度理事会（ＦＲＢ）が急速に金融引き締めを行い、住宅バブルは崩壊した。

２００７年には、サブプライムローン貸付機関の資金繰りが悪化し、破綻が相次いだ。また、証券化商品に投資していた大手金融機関も巨額の損失を計上することになった。最初に経営に行き詰まった大手金融機関はベア・スターンズであった（ＪＰモルガンが救済買収）。

２００８年に、名門投資銀行リーマン・ブラザーズが経営破綻した。続いて、世界的な大手生命保険会社AIGも経営に行き詰まった。世界の大手投資家がサブプライムローンの証券化商品に投資していたため、国際金融市場を大きく揺るがすことになった。こうして、米国住宅バブル崩壊は、世界的な金融危機に発展していった。

リーマン・ショックの発端は、米国住宅バブルとその崩壊であるが、その実態は世界同時多発バブルの崩壊でもある。2007年から2008年にかけて、世界的に、新興国バブル、M&Aバブル、ヘッジファンドバブル、ユーロバブル、資源エネルギーバブルなどが発生し、これらが一斉に崩壊した。そのため、正しくは、米国住宅バブルではなく、世界同時多発バブルというべきかもしれない。

日本でも円安バブルが崩壊

世界的な好況とバブルは、当然、日本にも影響を及ぼした。日本の場合、2007年には1ドル124円と円安バブルが発生した。この時期（2002年1月から2008年2月までの73ヵ月）に、日本は史上最長の景気拡大を記録した。これも過度な円安による輸出の好調に依存するところが大きかった。

日本の経常黒字は、2007年の25兆円（対GDP5パーセント）が最高である。米国の経常赤字が最大だったのが２００６年である。住宅バブルに沸く米国の景気は好調で、金利は上昇した。それが、日米金利差の拡大を生んで、大幅な経常収支の不均衡にもかかわらず、ドル高円安となった。

サブプライム危機を契機に、円安バブルは崩壊した。巨額の累積経常黒字を抱える日本は世界最大の対外純資産を保有する。危機時においては、安全な通貨として、円が買われる。そして、２０１１年の東日本大震災、２０１２年のユーロ危機が発生したため、「質への逃避」は進み、より安全と考えられる円が買われた。その結果、２０１１年10月には1ドル75円と、円は史上最高値を記録した。

大恐慌の教訓は生かされた

「１００年に一度の危機」といわれたリーマン・ショックであるが、終わってみれば、米国の景気後退期はわずか18ヵ月で終わった（大恐慌は43ヵ月）。また、株価下落は15ヵ月で終わり、その後、大きく上昇に転じた（大恐慌は34ヵ月）。

総合すると、リーマン・ショックは、戦後最大の不況であったものの、大恐慌と比較すると、その期間と傷の深さは小さい。リーマン・ショックが第二の大恐慌にならなかった理由として、積極的な財政政策と金融政策が実施された点を挙げられる〔Peter Temin, "The great recession and the great depression", January 2010, *NBER Working Paper* 15645〕。米国の政策当局が、大恐慌の教訓を生かして、ためらわずに行動したことが有効であった〔Barry Eichengreen, "The great recession and the great depression: reflections and lessons", *Central Bank of Chile Working Papers* N° 593, September 2010〕。

さらに、世界の首脳や国際機関が政策協調を成功させた。大恐慌時には、ブロック経済化などによる自国の利益追求が中心であったが、リーマン・ショック後は、主要国が新興国を含めて協力し合ったことが有効であった。

中央銀行は、非伝統的金融政策など創造的、革新的な政策を実行した。伝統的金融政策とは、中央銀行が従来から行っていた伝統的な市場公開操作を通じた短期金利誘導を指す。非伝統的金融政策とは、それ以外のものを指す。米国では、FRBが住宅抵当証券などを積極的に買い付けた。

日本銀行は、非伝統的金融政策をもっとも早く導入した中央銀行である〔日本銀行「非伝統的金融政策の実践と理論〈国際経済学会の第17回世界大会における黒田総裁講演の邦訳〉」（2014年6月7日）〕。1999年に、ゼロ金利政策、フォワードガイダンスを導入した。他にも、非伝統的金融政策には、量的緩和、信用緩和、包括緩和〈国債、社債、上場投資信託〈ETF〉、不動産投資信託〈REIT〉などの買取り〉、マイナス金利政策、イールドカーブ・コントロール〈長短金利操作〉などが挙げられる。

2　日本のバブル発生と崩壊、その教訓

日本のバブルの歴史

日本の二大バブルは、1972年から1973年と、1986年から1989年である。ただし、日本列島改造ブームは、広義の定義ではバブルに分類できるが、狭義の定義では、ブームであってバブルとはいい難い。日本列島改造ブーム時の方が、1980年代のバブルより、株式や土地などの資産価格の上昇率が高かった。にもかかわらず、ブームと呼ばれても、日本列島改造バブルとは呼ばれることはない。発生した期間が、2年間と比較的短期間であったからである。

田中角栄が『日本列島改造論』（日刊工業新聞社、１９７２年）を発表した。これは、新幹線、高速道路の建設、工業再配置や地方中核都市づくりなどにより、過密と過疎問題を解消するという構想である。１９７２年に、田中は首相就任後、積極的な公共投資を推し進め、日本列島改造ブームが生まれた。ニクソン・ショックを経て、円相場は急上昇した。円高不況に対応するためにも、金融緩和をする必要があった。

その結果、日本株は１９７２年に１０１パーセント、公示地価商業地は１９７３年に24パーセント上昇した。これは単年の上昇率としては歴代最高である。地価の上昇率は１９８０年代後半の頃よりも１９７４年の上昇率の方が大きい（全国平均32パーセント）。

すべてはプラザ合意から始まった

１９８０年代後半のバブルの出発点は、１９８０年代前半の異常ともいえるドル高である。ドルは、１９８０年代前半に大幅に上昇し続けた。１９８１年に大統領に就任したロナルド・レーガンは、「強いドル」を打ち出した。さらに、米国の「双子の赤字」（経常赤字、財政赤字）が拡大した（詳細は第４章）。

強いドル高政策の転換点は、１９８５年のプラザ合意である。当時、米国は「双子の赤字」に苦しんでいた。一方で、１９８０年代前半に日本の貿易黒字は拡大し、１９８６年に対ＧＤＰ貿易黒字は史上最大を記録した。これが激しい貿易摩擦を生んだ。

そこで、ドル高を是正すべく、主要国の財務大臣がニューヨークに集まり、ドル安誘導のために協調してドル売りの為替介入を実施することとした。その会場が、プラザホテルだったので、プラザ合意と呼ばれる。

ところが、前代未聞の協調介入だったので、ドル高是正を通り越して、急激な円高ドル安が起こった。円ドル為替相場はプラザ合意直前の１９８５年の１ドル２４０円から１９８８年には１ドル１２１円まで上昇した。

これに加えて、１９７０年代に原油価格が高騰した反動で、１９８０年代は原油価格が大幅に下落した。原油価格（ＷＴＩスポット）が、１９８０年のピーク１バレル40ドルから、１９８６年には12ドルまで下落した。急激な円高と原油価格の低下は、インフレ率を低下させ、その後の低金利の長期化の要因となった。

円高不況を脱却するため、内需主導型の景気拡大が図られた。日銀は公定歩合を１９８５年の５・０パーセントから、１９８７年には、当時史上最低の２・５パーセントまで引き下げ、大量のマネーを供給した。

1986年に景気は後退したが、日本株は過剰流動性を背景に48パーセントも上昇した。1982年から1989年まで7年2ヵ月にわたる長期の上昇相場において、日経平均株価は5・5倍となった。

当時は、日本の家電全盛時代であった。ビデオテープレコーダ、コンパクトディスク、半導体などの世界的に大きな成長をもたらす商品において、日本企業は圧倒的な国際競争力を持っていた。このため、急激な円高であっても、企業の収益力は高かった。加えて、円高と原油価格の低下は、輸入価格や原材料価格の低下を通じて企業業績の改善をもたらした。これが、円高であるにもかかわらず、高い経済成長率を実現した大きな理由である。

プラザ合意の大幅な円高が発生した状況で、日本の要請により、1986年の東京サミットにおいて先進7ヵ国財務大臣中央銀行総裁会議（G7）設立が合意された。第1回G7は3ヵ月後に開催された。これによって、主要国の協調を強化し、極端な円高を防ごうというものである。

その結果、国際金融の協調が重要になり、日本の都合だけでは金融政策が取りづらい状況が生まれた。国内の金融政策が、国際協調優先によって制約を受けることとなり、バブル発生の大きな要因となった（「—資産価格変動のメカニズムとその経済効果に関する研究会報告書—資産価格変動のメカニズムとその経済効果―」（大蔵省財政金融研究所「フィナンシャル・レビュー」、1993年11月）35頁参照〕。

低インフレと金融緩和の長期化がバブルを生んだ

プラザ合意以降のドルの急落が収まった87年に、世界的な株安が起こった。これがブラックマンデーである（詳細は第4章）。日本では、その影響は一時的にすぎず、株価は年間を通じて11パーセント上昇した。日本は好景気であるにもかかわらず、歴史的なドル安、株安に対応して、極端な金融緩和を長期に実施した。これが、1988年以降の資産バブルを生んだ。

プラザ合意とブラックマンデーによる国際的な混乱のなかで、国際協調重視をリードしてきた日本が独自に金融引き締めに転じるのは難しかった。1988年の経済成長率が6・8パーセントと著しく高かったにもかかわらず、史上最低の公定歩合2・5パーセントを維持した。そして、マネーサプライが増加し、銀行借入れや、資本市場からの資金調達が急拡大した。その当時、株式時価総額では日本が米国を上回り、世界最大となっていた。

1−3　TOPIXと全国商業地公示地価の推移

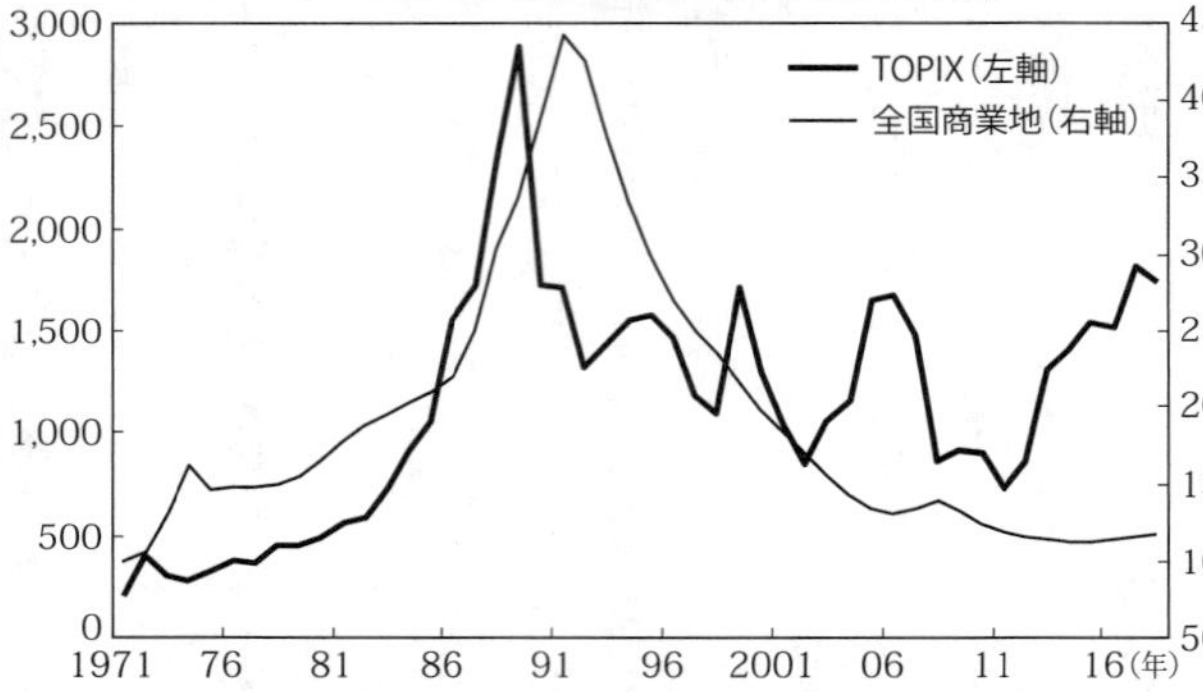

注：全国商業地公示地価は、1971年を100として指数化。2018年TOPIXは、5月末時点。
出所：国土交通省、Astra Manager

1989年、バブルのピークの直前になって、日銀はようやく利上げを実施した。この時期は、円高、原油価格の低下によって、インフレ率はゼロパーセント台（消費税導入分調整）で安定的に推移した。需要拡大のなか、物価が安定していた要因として、1989年の経済白書は、円高、原油価格の下落の効果、製品輸入の増大、生産の高い伸びによる単位労働コストの安定を挙げている〔経済企画庁「第1章 昭和63年度の経済の動き 第1節 昭和63年度経済の特徴」「平成元年 年次経済報告——平成経済の門出と日本経済の新しい潮流」（1989年8月8日）〕。

1980年代後半のバブルは「異常さ」が際立った。たとえば、小金井カントリー倶楽部のゴルフ会員権が4億円を超えたのがこの時期であった。1990年前後には、日本企業が巨大米国企業、あるいは有名ゴルフコースであるペブルビーチ、ニューヨークの繁華街にあるロックフェラーセンターなどを次々に買収するなど、日本がカネにモノをいわせて、世界を席巻した。

バブル崩壊のきっかけ

1989年に、株価がピークを打ち、バブルが崩壊し始めた。その後、経済成長率の低下、株価下落、地価下落、インフレ率低下（デフレ突入）、不良債権の増加、企業業績の悪化と、日本経済はバブル崩壊の後遺症に苦しんだ。これらはすべて複合的であり、負のスパイラルに陥った。

1989年12月17日に、三重野康が第26代日本銀行総裁に就任した。12月25日に公定歩合は3・75パーセントから4・25パーセントへ引き上げられ、この時点以降、金融政策は引き締めに転じた。

日経平均は、12月29日（大納会）の38、915円が史上最高値である。しかし、東証一部上場銘柄すべてを対象とし、市場動向をより適切に反映するTOPIXのピークは12月18日の2、884であった。つまり、三重野が総裁に就任した翌日に、株価は、実質的にした。

史上最高値をつけたのである。そして、日本株は2012年安値まで76パーセントも下落した。

遅れて、不動産バブルも崩壊した。それまでは土地は値下がりしないという土地神話があったが、1992年に、全国公示地価は5パーセント下落し、その後、長期下落傾向となる。当初は、三重野は、バブル退治に成功した「平成の鬼平」として高く評価されたが、今から振り返れば、これが日本経済の長期低迷とデフレの始まりであった〔金融・証券問題研究会編『平成の鬼平――三重野康日銀総裁は日本経済を滅ぼしたのか』（すばる書房新社、1992年）〕。

後手に回った景気認識と政策発動

これに、原油価格の高騰、世界経済の低下などファンダメンタルズの悪化が加わった。1990年に、イラクは、石油資源を狙ってクウェートに侵攻した。両国とも産油国であるため、WTI原油先物価格は、1バレル40ドルまで上昇した。これは世界的なインフレ率上昇と、それに伴う金利上昇をもたらした。1991年に、湾岸戦争が勃発し、多国籍軍の圧倒的な勝利に終わった。

石油価格の高騰を原因として、世界経済は景気後退に陥った。湾岸戦争勃発時には既に日本ではバブル崩壊が始まっていたが、これが日本経済の不振と株価の下落を加速させた。日本のバブル崩壊は長期間にわたり、しかもその下落率は大きかった。バブル崩壊後の安値までの下落率は76パーセントと、大恐慌の89パーセント（ダウ平均）よりは小さいが、下落期間は22年7ヵ月と、大恐慌時の2年10ヵ月を大きく上回っている。つまり、日本のバブル崩壊後の株価下落は、世界の歴史のなかでも、最大級であり、事態が深刻であったことを示す。

こうして、バブル崩壊後の日本経済の低迷は10年以上続いた。バブル崩壊後、最大の問題点は「3つの過剰」（過剰設備、過剰人員、過剰債務）であった。

これを最初に指摘したのは、バブル崩壊後10年近くが経過していた1999年の経済白書である〔経済企画庁「平成11年度 年次経済報告――経済再生への挑戦」（1999年7月）〕。そして、3つの過剰が解消したと経済財政白書が断言したのは2005年のことである〔内閣府「第1章 景気回復の長期化を目指す日本経済 第1節 景気の踊り場からの出口へ向けて」「平成17年度 年次経済財政報告（経済財政政策担当大臣報告）―改革なくして成長なしV―」（2005年7月）〕。つまり、バブル崩壊の影響が解消したのは崩壊後15年目のことだった。

3　バブルは10年に一度やってくる

バブルには五つの法則がある

17世紀のチューリップバブル以降、バブルは100年に一度くらいしかやってこなかった。20世紀には、1920年代の米国のバブル以降、1980年代の日本のバブル発生までの半世紀以上にわたって、目立ったバブルは発生していない。

しかし、その後は、世界の株式相場はおよそ10年に一度の割合で危機を迎え、その後、株価が大きく上昇するというパターンを繰り返してきた。過去40年間は、金融市場が巨大化、グローバル化、高度化したために、バブル発生の頻度が高まっている。

戦後、1971年までは為替相場は固定相場制であったため、為替相場が安定し、それに伴い、経済も安定していた。その結果、株式、債券、商品などの相場も安定していた。これらの相場が大きく動き始めたのは、1970年代以降のことである。

バブル発生の頻度が高まったのは、世界の金融市場が巨大化した1980年代以降のことである。株価のサイクルは、景気のサイクルに連動しやすいので、世界の景気のピークにおいて、バブルが発生しやすい。

ニクソン・ショック、二度の石油危機、湾岸戦争など、かつては、通貨危機や原油価格高騰など実体経済の悪化によって、株価が大きく下落する傾向があった。つまり、ニクソン・ショックや石油危機があったからこそ、株価が下がったのである。

しかし、1997年のアジア危機以降、ロシア危機、LTCM危機、ITバブル崩壊、エンロン危機、サブプライム危機、リーマン・ショック、ギリシャ危機などは、金融危機が実体経済を悪化させた。加えて、金融市場が巨大化し、かつ複雑化するにつれ、毎回、危機の深刻さが増している。つまり、金融市場が大きくなったので、株価が下落すると逆資産効果が働いて、実体経済が悪化するようになったのである。

以下、歴史を振り返って、バブルの5大法則を検討していく。

バブル発生の条件

第1に、バブル発生には、3つの経済的条件がある。それは、①好景気、②低インフレ、③低金利、が長期化することである。つまり、景気がいいものの、何らかの理由でインフレ率が低く、その結果、低金利が長期化する。景気が良くて、お金がじゃぶじゃぶであれば、必然的にバブルは起こる。

バブル発生において、好景気は必要不可欠な条件である。一般に、好景気が長く続けば、多少のタイムラグはあっても、インフレ率が高まり、金利が上昇する。つまり、通常は、①好景気、②インフレ率上昇、③金利上昇、が同時に起こる。

しかし、好景気が長期化しても、何らかの特殊事情が発生して、低インフレ、そして、低金利が持続する場合がある。たとえば、日本のバブル時には、プラザ合意後の円高と原油安によって、低インフレが長期化した。1988年の日本の経済成長率は6・8パーセントと高かったが、インフレ率は0・7パーセントと低かった。

これらのなかでも、特に重要なのは、低金利である。戦後のバブル発生の共通点は、中央銀行による過度な金融緩和が長期化することである。そして、景気回復期の金融引き締めのペースも遅れることが多い。

米国の場合、FRBの政策目標として、物価の安定に加えて、実体経済の遅行指標である雇用の安定が掲げられている。雇用が回復する時には、すでに景気が回復軌道に乗っていることが多いため、金融引き締めが遅れる傾向にある。金融引き締めの遅れは、バブルを生む。米国は、世界最大の経済規模と株式市場を持つため、ＩＴバブル、住宅バブルのように、米国のバブルは世界のバブルへと転化する。

現在も、シェール革命による原油価格の下落、アマゾンに代表されるＥコマースの発達などによって、好況下でも、世界的な低インフレ、そして低金利が続いている。その意味では、現在、バブル発生の３条件が揃っている。

バブル発生は認識できない

第２に、バブル発生時に、バブルを認識するのはたいへん難しい。このため、バブルの発生と崩壊を防ぐことは困難である。病気を早期発見できないと、手遅れになるのと同じである。

18年以上もＦＲＢ議長の座にあったグリーンスパンは、名指揮者を意味するイタリア語である「マエストロ（巨匠）」と称され、その卓越した手腕が高く評価された。ところが、グリーンスパンは在任中に、ＩＴバブルと米国住宅バブルの２つのバブルの発生を経験した。グリーンスパンは、１９９６年の講演で、米国株式市場の上昇に対し、「根拠なき熱狂（irrational exuberance）が資産価格を不当に釣り上げている」とリスクを指摘した〔Remarks by Chairman Alan Greenspan at the Annual Dinner and Francis Boyer Lecture of The American Enterprise Institute for Public Policy Research, Washington, D.C., FRB, December 5, 1996〕。ただし、実際にＩＴバブルが崩壊したのは4年後のことであった。

ＩＴバブル崩壊後の２００２年に、グリーンスパンは「バブルは崩壊して、初めてバブルとわかる」という名言を残した〔Remarks by Chairman Alan Greenspan, "Economic volatility", at a symposium sponsored by the Federal Reserve Bank of Kansas City, Jackson Hole, Wyoming, FRB, August 30, 2002〕。その言葉通り、グリーンスパンは米国住宅バブル発生が認識できなかった。２００４年に、「家計部門の負債については、心配し過ぎ」と指摘している〔Remarks by Chairman Alan Greenspan, "The mortgage market and consumer debt", at American's Community Bankers Annual Convention, Washington, D.C., FRB, October 19, 2004〕。「住宅バブルがあるとしても局地的なものであるだけに、大きな懸念はない」と述べた。ところが、既に、当時、住宅バブルが発生しており、それが崩壊したことによって、リーマン・ショックを引き起こした。

リーマン・ショック発生直後の議会証言で、グリーンスパンは、過去40年間機能してきた経済政策が、リーマン・ショック時には機能しなかったと述べている〔The Financial Crisis and the Role of Federal Regulators Hearing Before the Committee on Oversight and Government Reform House of

Representatives One Hundred Tenth Congress Second Session, October 23, 2008, Serial No. 110-209〕。そして、「これまでほどの大きな危機になるとはとても想像できなかった」と述べている。

基本的に、FRBは、バブル発生を防ぐことはできないと考える。FED（連邦準備制度）ビューは、「金融政策は資産価格の変動を主たる目的とすべきでない」という考え方である。中央銀行は、バブルを抑制するのではなく、バブル崩壊後にそのダメージを最小化すべく金融政策を実施すべきと考える。

金融政策のみならず、プルーデンス政策（金融システム安定化政策）の充実によって、総合的にバブル抑止策を実行することが可能となる〔Emmanuel Farhi and Jean Tirole, "Collective Moral Hazard, Maturity Mismatch and Systemic Bailouts", *NBER Working Paper* No. 15138, July 2009〕。この代表的な政策が、バーゼルⅢなどの銀行の自己資本規制や国際会計報告基準（IFRS）などの制度の整備、そして、金融安定理事会（FSB）などのプルーデンス監督組織の充実である。ただし、規制は、金融技術の発達や市場の変化により、抜け穴が生じるため、完全な効力を期待することは無理である。

バブルは姿を変えてやってくる

第3に、バブルは形を変えてやってくる。歴史的に、一つとして、同じパターンのバブルはない。このため、バブルがやってきたとはすぐに気が付かない。1980年代は、日本の不動産と金融、1990年代はIT、2000年代は米国の住宅と、その主役はすべて異なる。そして、それらの主役は、次のバブルでは、二度と主役になることはない。

たとえば、バブル崩壊後、日本では不動産価格が急騰することはないし、おそらく、米国住宅バブルが近いうちに発生することはないだろう。一旦、バブルが崩壊すると、その傷跡は大きいため、容易には復活できないのである。このように毎回のパターンが大きく異なるため、歴史の教訓を生かすのは容易でない。

バブルを正当化する見解が世間に広く認められることも、認識を甘くする。1980年代の日本では、Qレシオなる指標が登場し、異常に高い株価を正当化する動きがあった。Qレシオは、トービンのqとも呼ばれ、1981年にノーベル経済学賞を受賞したジェームス・トービンが考案した指標である。企業の負債と資本（株式時価総額）の合計を資産（時価評価）で除したものである。Qレシオが1より大きければ株価が割高で、1より小さければ、割安となる。「Qレシオでみれば、日本株は割安」という理屈だったが、実際にはとても割高だったということだ。

1990年代には、ニューエコノミーという言葉が生まれ、IT革命によって、世の中はまったく変わったといわれた。2010年代、低成長、低金利が長期にわたって定着していることを指すニューノーマルという言葉があるが、これも低金利、債券高を正当化するために使われることがある。

筆者の経験からも、株価のピーク時に相場を転換させる直接的なきっかけは見極めにくい。日本のバブル崩壊、ITバブル崩壊、リーマン・ショックなど相場の転換点の前後では、強い過熱感はあったものの、これといった大事件があったわけではなかった。突如として、相場が転換し、気が付いた時には、長期下落相場に突入していた。

崩壊しないバブルはない

第4に、崩壊しないバブルはない。上昇相場の最終局面では、株価上昇は加速する。そして、熱狂のなかで相場は鋭角的に反転する。

上方にオーバーシュートした株価は、必ず下方にオーバーシュートする。過去3回のバブル崩壊後の日経平均の下落率（高値から安値）は毎回60パーセントを超えており、長期上昇相場が一旦崩れれば、株価が半値以下になる可能性があることを示唆する。

バブルの最中にバブルを認識するのも難しいが、バブル崩壊に気付くのも遅れやすい。いずれの場合も、決定的に景気が悪化して、初めて、バブル崩壊が起こったことがわかる。これが、バブル崩壊後の傷を深くする大きな原因である。

日本のバブル崩壊当初は、バブル崩壊に対する認識が甘く、それに対応する政策発動は大きく遅れた。それまでの日本の経済好調のイメージが強く、時代の大きな変化に気が付かなかった。

バブル崩壊直後、1990年の経済白書は「当面、景気が反転し、景気下降局面に入る可能性は小さそうである」と結論付けている〔経済企画庁「第1章　長期拡大と経済バランスの変化　第7節　景気の持続可能性」「平成2年年次経済報告――持続的拡大への道」（1990年8月7日）〕。1991年の経済白書は「景気後退という事態にいたる可能性は小さいと考えられる」と述べている〔経済企画庁「第1章　景気循環からみた日本経済の現状　第7節　景気の現局面」「平成3年　年次経済報告――長期拡大の条件と国際社会における役割」（1991年8月9日）〕。1992年の経済白書は「経済のバランスを基本的に保とうとする動きの下での自律的な調整」としている〔経済企画庁「第1章　調整過程にある日本経済　第1節　91年から92年経済の概観」「平成4年　年次経済報告——調整をこえて新たな展開をめざす日本経済」（1992年7月28日）」。初めて、景気の深刻さを認めたのは、1993年の経済白書であった。

最初の金融政策と財政政策の発動は1992年夏と、バブル崩壊から2年以上経てからである。それまでの地価の高騰などのトラウマが大きかったことが、景気対策の発動が遅れた原因の一つである。

このため、バブル崩壊後にバブル退治を実行することとなった。1990年のバブル崩壊の最中に、インフレ率の上昇と景気過熱を理由に、日銀は公定歩合を1・75ポイントも引き上げた。完全にバブルが崩壊した1992年にはマネタリーベース（現金＋日銀当座預金）を前年比で減少させている。既にバブルが崩壊し始めていたところに、金融を引き締めたため、いわゆるオーバーキルが発生した。

地価対策も遅れた。政府は、バブル期に急騰した地価対策として、土地基本法の制定、総量規制、地価税創設を行った（国土交通省「土地白書　平成2〜5年版」参照）。しかし、政府が地価対策に本腰を入れ始めた頃には、バブルが既に崩壊し始めていた。

1989年に、土地基本法が制定された。不動産業向け貸出を総貸出しの増加分以下に抑制する総量規制は、大蔵省による行政指導であり、1990年より実施された（1991年末に解除）。地価税については1992年度より実施された。地価税は、土地の保有に対する税金で、税負担を課すことで、土地の保有、譲渡、取得を抑制する目的がある。1998年度税制改正で、地価税は停止された。

危機のなかで次のバブルの芽が生まれる

第5に、バブル崩壊後の景気低迷時に、次のバブルの萌芽が生まれる。世界の中央銀行は、大型の危機に対応して、過度な金融緩和を実施することがある。そして、その修正が遅れたため、バブルが発生する。つまり、危機のなかで次のバブルの芽が生まれるのである。

たとえば、ITバブル崩壊後、2001年のアフガン戦争、2003年のイラク戦争が加わり、金融緩和が過度に長期化した。このため、米国住宅バブルが発生し、リーマン・ショックの原因となった。

中央銀行の独立性は、金融政策の運営において、たいへん重要である。中央銀行の独立性は、概念上は「目的決定の独立性」と「手段選択の独立性」に分類される〔Speech by

Chairman Ben S. Bernanke, "Central Bank Independence, Transparency, and Accountability" At the Institute for Monetary and Economic Studies International Conference, Bank of Japan, Tokyo, Japan May 25, 2010〕。世界の主要中央銀行の独立性は、「手段選択の独立性」のことを指している〔Amol Agrawal, "Central Bank Independence: A major victim of the 2007 crisis", *STCI Primary Dealer*, December 9, 2001〕。

中央銀行の独立性が損なわれると、過度な金融緩和が実施され、結果として、バブルが発生することがある。あるいは、中央銀行が国債を大量に取得すれば国債消化が容易になるため、財政規律が緩むことになる。財政規律が緩めば、最終的には財政破綻に陥り、ギリシャのように経済危機が発生する。

歴史的に、政治的な圧力により、中央銀行による金融引き締めが遅れることが少なくない〔岡崎哲二「日本の金融政策とマクロ経済：歴史的パースペクティブからの再評価」（大蔵省財政金融研究所「フィナンシャル・レビュー」June - 1999）〕。中央銀行総裁は、政治家によって任命される。そのため、中央銀行が独立しているといっても、金融政策に関して、政治家や政府による影響が生じる。その結果、歴史的に、政治的な圧力により、中央銀行による金融引き締めが遅れるケースが少なくない。

たとえば、オバマ大統領（民主党）によって任命されたジャネット・イエレンFRB議長は、金融政策を順調に運営していたにもかかわらず、異例の4年という短期間で退任することになった。そして、トランプ大統領（共和党）は、ジェローム・パウエル理事を後任にすることとした。これは、中央銀行に対する政治的な圧力が高まっていることを示唆する。

日本でも中央銀行が政治的な圧力を受ける

歴史的に、日銀と政治との関係が定まらず、日銀は政治から大きな影響を受けてきた。たとえば、日本列島改造ブーム時には、政治の圧力を受けて、金融引き締めが遅れた（黒田晃生「ニクソン・ショックと大インフレーション：日本銀行の金融政策（1970年～1974年）」（明治大学社会科学研究所紀要 第44巻 第2号、2006年3月）114頁参照）。また、日銀と大蔵省の出身者が交互に日銀総裁になる「たすき掛け人事」が長く続いた。実際には、日銀は大蔵省の監督下にあり、政府からの独立性は十分でなかった。

1998年の日銀法改正によって、日銀の独立性が明確化された。日銀法には、独立性を規定する明文規定はないものの、立法経緯により、金融政策上の独立性が担保されていると解釈される（公法的観点からみた中央銀行についての研究会「公法的観点からみた日本銀行の組織の法的性格と運営のあり方」（金融研究、２０００年9月）」。なお、政府答弁では、独立性の根拠条文として、日銀法3条1項が挙げられている〔衆議院ウェブサイト「内閣総理大臣 鳩山由紀夫衆議院議員馳浩君提出日本銀行の独立性に関する質問に対し、別紙答弁書を送付する。」（内閣衆質１７４第２０５号、２０１０年３月12日）〕。しかし、日銀法改正後も、日銀の独立性は不安定な状態が続いてきた。

サブプライム危機で世界の市場が大きく荒れていた最中に、日銀人事が政争の具になったこともあった。２００８年に、政府は3度も日銀総裁・副総裁人事を提示したが、白川方明副総裁、西村清彦副総裁以外、参議院ですべて否決された。そのため福井の後任として、白川が総裁に昇格したが、副総裁1名、審議委員1名が空席となる事態となった。

２０１２年にリフレ政策を掲げる安倍政権が誕生すると、日銀は直後にインフレ目標政策を受け入れた。政策委員会メンバーは、政権が交代しても、直接的な影響を受けないように、時期をずらして、任期が設定してある。しかし、総裁交代後、それまで白川総裁の路線を支持していた日銀審議委員の多くは、黒田路線に転換した。

金融政策の展開が財政の状況によって規定されてしまう状況を、財政ドミナンスと呼ぶ〔日本銀行「白川総裁退任記者会見要旨――２０１３年3月19日（火）午後3時半から約70分」（２０１３年3月20日）〕。財政赤字を大幅に削減するためには、増税や歳出削減が必要であり、実際に、世界的に増税や歳出削減が実施されている。このため、景気の維持のために金融緩和をすべく政治的な圧力が高まる恐れがある。

現在、日本株はバブル崩壊後の高値を更新しているが、依然として、日銀がETF（上場投資信託）やREIT（不動産投資信託）を買い、これが株価上昇の一因となっている。これは、インフレ目標2パーセント達成のためであるという。しかし、株価上昇がインフレ率を押し上げる効果が限定的であることは、80年代のバブル期や2000年代の株価上昇期をみても明らかである。ところが、インフレ目標2パーセント達成は安倍政権の公約であり、当面、日銀のETF購入をやめることはあるまい。

こうして、現在、人為的に株価は割高になっている可能性がある。これまで同様、バブルの萌芽が生まれつつあるようにみえる。

バブル発生は防げない

バブル発生を早期に認識できないとすれば、バブルが本格化することは防げない。バブルになりそうであれば、中央銀行は、金融緩和をやめ、早期に金融引き締めに転換すればいい。確かに、理屈はそうである。しかし、米国住宅バブル、ITバブル、そして日本のバブル崩壊の例をみても、それを実行するのが難しいことは歴史が証明している。

経済史研究の世界的権威であるラインハート、ロゴフの世界的なベストセラー『国家は破綻する――金融危機の800年』は、過去8世紀間の歴史を振り返ると、リーマン・ショックは決して特別なものではないと述べる〔カーメン・M・ラインハート、ケネス・S・ロゴフ著『国家は破綻する――金融危機の800年』（村井章子訳、日経BP社、2011年）、Carmen M. Reinhart and Kenneth S. Rogoff, "This Time is Different: A Panoramic View of Eight Centuries of Financial Crises", *NBER Working Paper Series*, Vol. w13882, March 2008〕。この本は、日本では「国家は破綻する」という題だが、原書は「今回は違う」（*This Time is Different*）である。

ラインハート、ロゴフは、過去800年の歴史をさかのぼり、対象国66ヵ国において、様々な形態をとって、起きてきた金融危機を体系的かつ定量的に分析した。金融危機は目新しいものではなく、金融市場が発達してから、危機は常に人類とともにある。国や金融機関や金融商品が時代の流れのなかで変わっても、人間の本質は変わらない。

そして、多種多様な金融危機の共通点として、債務が過剰に積み上がると、好況期には予想もしなかったシステミック・リスクが高まる点を指摘する。債務は、政府債務、銀行、企業、消費者など様々ある。国も銀行も個人も企業も、大好況期が永久に続くはずもないのに、後々の危険を十分認識しないまま、景気のいい時に過剰な借り入れを行う習慣を繰り返してきた。

危機後、人々は、「過去の失敗に学んだ。現在は金融システムが整備されている。だから、今回は違う（金融危機は起きない）」という。しかし、バブルが姿を変えてやってくるため、人々はそれを早期に感知できず、異なる形のバブルが発生する。こうして、世界は大型金融危機を繰り返している。

この法則は21世紀の今も生きており、我々は、ＩＴバブル崩壊、リーマン・ショックを経験した。要は、バブル発生とバブル崩壊は避けられないというのが歴史の教訓である。現実には、過去と同様、今後も、バブルを防ぐことは困難であろう。

現在の株価上昇は長期、かつ大幅である。よって、長期上昇相場が崩れるリスクを検証する必要がある。そのリスクは、いずれも米国トランプ大統領の政策に大きく影響を受ける。それは、地政学リスクと米国の「双子の赤字」である。次章以降、これらを分析する。

第2章　高まる地政学リスクと宗教の影響

1　地政学リスクで揺れる世界の金融市場

なぜ、今、地政学なのか

歴史的に、世界の多くの紛争や摩擦は、世界経済、そして、金融市場に大きな影響を与えてきた。このため、今や、地政学抜きに、世界の金融市場を語ることはできない。

地政学とは、地理的な視点を交えて、国際政治や安全保障を分析するものである。国家関係において、地理的な要素は、大きく影響する。たとえば、日本は、隣国の韓国や中国と厳しい外交問題を抱える。これらと地理的に近かったからこそ、韓国併合や日中戦争が起きた。

株式相場や為替相場の歴史をひも解くと、大きな変動の多くは地政学的な要因が影響している。特に、中東や石油によって引き起こされた事件によって、世界や日本の株式も大きく下落した例がある。

このように、世界、そして日本の株式市場や為替相場は地政学的な要因に大きく左右さ

2－1　日本株歴代下落相場（TOPIX、太字は海外要因）

	株価下落要因	高値	安値	下落率（%）	下落期間
1	**バブル崩壊（湾岸戦争）**	2884.8 1989年12月	1102.5 1992年8月	−61.8	2年9カ月
2	**リーマン・ショック** （東日本大震災、**ユーロ危機**）	1816.97 2007年2月	695.51 2012年6月	−61.7	5年4カ月
3	ドッジ不況	22.06 1949年5月	9.59 1950年7月	−56.5	1年2カ月
4	**ITバブル崩壊** **（アフガン戦争、イラク戦争）**	1754.78 2000年2月	770.62 2003年3月	−56.1	3年1カ月
5	**金融危機** **（アジア危機、LTCM危機）**	1722.13 1996年6月	980.11 1998年10月	−43.1	2年4カ月
6	**日本列島改造ブーム崩壊** **（第一次石油危機、変動相場制突入）**	422.48 1973年1月	251.96 1974年10月	−40.4	1年9カ月
7	40年不況	126.59 1961年7月	81.29 1965年7月	−35.8	4年
8	**スターリン暴落**	42.18 1953年2月	28.46 1953年4月	−32.5	2カ月
9	**円高（1ドル79.75円）**	1712.73 1994年6月	1193.16 1995年6月	−30.3	1年
10	**第二次石油危機**	603.92 1981年8月	511.52 1982年8月	−15.3	1年

出所：日本取引所グループ

れてきた。特に、大きな下げ相場のほとんどが、地政学的なリスクの高まりをきっかけとする。したがって、世界の金融市場を理解するには、地政学の本質を見極める必要があるといえる。

世界の警察官がいなくなった

それでは、なぜ、今、地政学なのであろうか。最大の理由は、世界の警察官がいなくなったからである。

2013年に、米国オバマ大統領は、「米国はもはや世界の警察官ではない」と宣言した。湾岸戦争（1991年）、イラク戦争（2003年）は、米国が世界の警察官としてふるまった典型的な例といえる。しかし、アフガン戦争やイラク戦争において、多くの米国の青年が戦死し、あるいは、兵士が帰還後、精神的な問題を抱えるなど、社会的なコストがあまりに大きすぎた。さらに、リーマン・ショックによって、米国経済が大きな打撃を受けて、財政赤字が膨れ上がったことも重要な要因である。その結果、米国は、外交・安全保障上の戦略を大転換している。

世界的に、大規模な戦争がなくなった代わりに、地域紛争やテロが頻発するようになった。かつては、核兵器を持つ米ソ両大国が世界で覇権を争った。その結果、朝鮮戦争、ベトナム戦争、中東戦争、イラン・イラク戦争など、多くの大規模な地域戦争が発生した。しかし、最近では、イラク戦争を最後に国家対国家の大規模な武力衝突はなくなっている。一方で、アラブの春、IS掃討、ウクライナ内戦など、国家でない勢力との紛争が増えている。また、2001年の米国同時多発テロや欧州で度々発生するテロに代表されるように、新興国だけではなく、先進国においても世界の金融市場を揺るがす事件が起こっている。

国家対国家の戦争であれば、比較的決着は早い。しかし、政府組織でない戦力との戦いは、容易に決着がつかないことが多い。さらに、世界の混乱が続いている理由として、中国の経済的、政治的、軍事的な台頭も大きい。

地政学の要因がリーマン・ショックを生んだ

歴史的に、世界の金融市場の混乱の多くは、地政学的な要因で生まれている。そのケーススタディとして、戦後最大の株価下落を生んだリーマン・ショックを分析する。

リーマン・ショックは、直接的には、米国住宅バブル崩壊が原因とされる。しかし、それでは、米国住宅バブルは、なぜ生まれたのか。その原因の一つが、中東に関わる地政学的な要因である。

ITバブルが崩壊し、米国同時多発テロが発生した2ヵ月後、つまり2001年11月に、米国の景気は底入れした。そして、2004年には米国経済の成長率は21世紀に入って最高の水準に達した。

しかし、グリーンスパン議長は、金融緩和を続けた。当時は、アフガン戦争、イラク戦争が長期化していたために、世界的に不安心理が高まっていた。

景気の底入れ後も、フェデラル・ファンドレート（政策金利、FF金利）の誘導目標を

2−2　米国経済成長率とFF金利誘導目標の推移

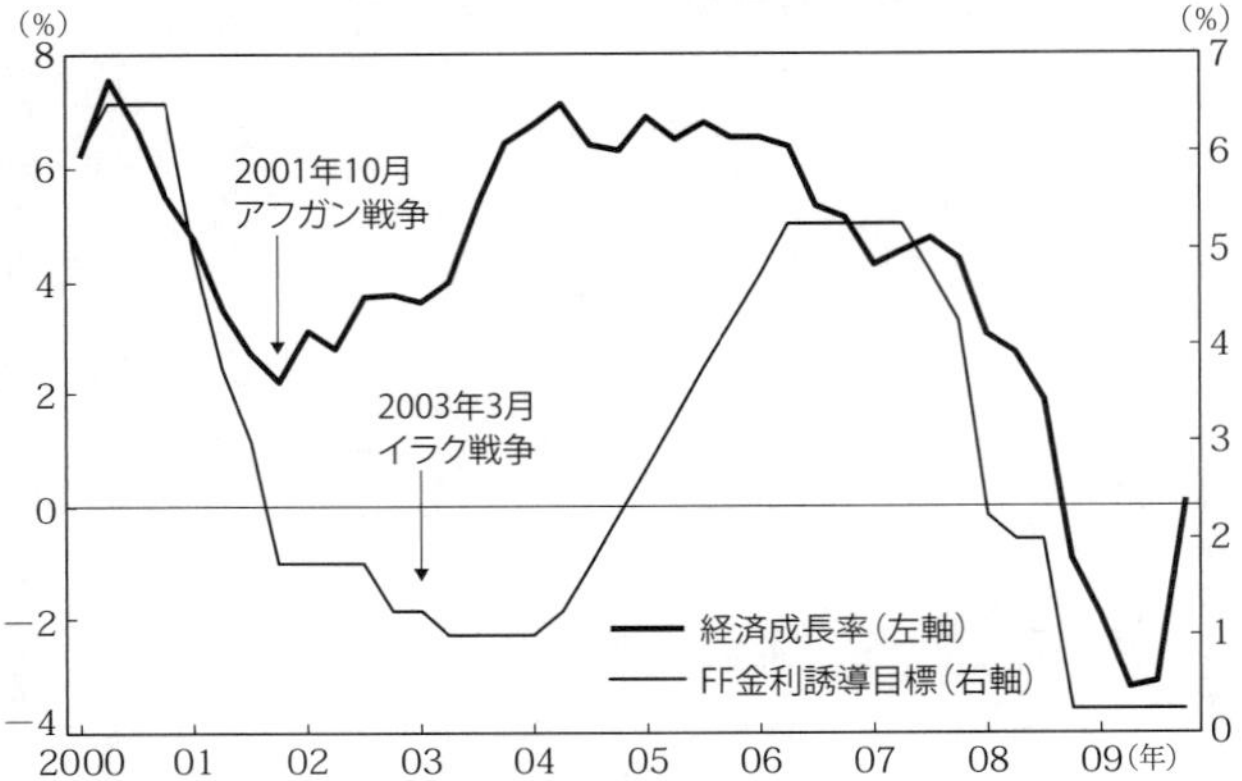

注：成長率は四半期。
出所：BEA、FRB

引き下げ続け、ついには、当時、史上最低水準まで引き下げた。そして、これを長期間、据え置いた。つまり、経済的には利上げすべきだったのだが、国際情勢が不安定なので、利上げを見送ったのである。好況時に、超金融緩和を続ければ、バブルが起きるのが世の必然である。この時期に、住宅価格も、株価も大きく上昇した。つまり、本来ならば、利上げすべき時に、ＦＲＢは利下げをしたのである。

　イラク戦争終結後、一転、グリーンスパンは、強烈な金融引き締めに転じた。短期間に強烈な金融引き締めを実行すれば、バブルが崩壊するのが、これまた必然といえる。最後は、後任のベン・バーナンキ議長が政策金利を大きく引き上げて、住宅バブルは崩壊した。

日本株相場も地政学的な要因に影響される

同様に、日本株相場の歴史をひも解くと、大きな下げ相場の多くは地政学的な要因が影響している。特に、中東や石油に関連する事件によって、日本を含む世界の株価は大きく下落した例が多い。日本は、石油消費の多くを輸入に依存しているため、石油価格の高騰に弱い。以下は、日本のみならず、世界の相場に大きな影響を与えた。

第一次石油危機

1973年の第四次中東戦争の結果、石油価格が高騰した。直前まで、日本列島改造ブームに沸いていたが、その反動もあって、株価は急落した。

第二次石油危機

1979年のイラン革命の結果、石油価格が高騰した。

バブル崩壊

1990年に、イラクがクウェートに侵攻し、翌年、湾岸戦争が起きた。その結果、世界のインフレ率と金利は大きく上昇し、世界的な景気後退につながった。同時に、バブル崩壊が重なった。

ITバブル崩壊

2000年に、ITバブルが崩壊後、2001年の米国同時多発テロ、アフガン戦争、2003年のイラク戦争が発生した。その結果、3年間も世界の株式相場は下落を続けた。リーマン・ショック時の米国株の株価下落期間は2007年10月から2009年3月までの1年半だったので、その2倍の期間だった。

中東の事件ではないものの、地政学的な要因で生まれた日本固有の株価下落の要因として、スターリン暴落がある。1953年に、ソ連のスターリン首相が死去した。当時、日本経済は、朝鮮戦争による特需に沸いていた。スターリンの死去により、朝鮮戦争の終結が早まるとの懸念から、株価は急落した。

このように、世界、そして日本の株式市場や為替相場は地政学的な要因に大きく左右されてきた。特に、大きな下げ相場のほとんどが、地政学的なリスクの高まりをきっかけとする。だからこそ、地政学の本質を理解しなければ、世界の金融市場を理解することはできないといえよう。

2　地政学の基礎理論

国家の概念と領域確定の理論

地政学とは、基本的には国家対国家の対立に関連する。しかし、イタリア、ドイツ、スペインなどが19世紀後半以降に成立したように、近代国家の概念は意外に歴史が浅い。そこで、地政学の理論を検討する前に、国家の概念の理論を整理する〔杉原高嶺、水上千之、臼杵知史、吉井淳、加藤信行、高田映著『現代国際法講義 第5版』(有斐閣、2012年) 6、35、68～70、95～111頁参照〕。

三十年戦争（1618～1648年に、ドイツを舞台としてヨーロッパを巻き込んだ宗教戦争）の講和条約としてウェストファリア条約が締結され、主権国家の概念が成立した。これは、初の多国間条約であり、国家という概念が初めて条約に盛り込まれた。そこで、それまで曖昧だった国境線などが確定した。

この時代の主権国家は、国王に主権が集中しており、支配領域に対する絶対王政を意味していた。近代国家の概念は、文化・社会的に似通った欧州のキリスト教国のみを対象としていたが、18世紀に、ロシアと米国、19世紀には中南米諸国といったキリスト教国が、国家として認められた。その後、1856年のクリミア戦争に勝利したオスマン帝国が、イスラム教国家としてパリ条約締結の当事者となった。植民地の独立の際には、頻繁に国家承認が行われた。

現在、国家は、①永続的住民（国籍保有者）、②一定の領土、③政府、④他国との関係を取り結ぶ能力、の要件を備える必要がある（1933年の国家の権利及び義務に関する条約1条）。複数の国家が合併する、国家から独立するなど、新国家が成立するためには、他国が承認する必要がある。

主権の概念は、17世紀には、国王による中央集権を意味していたが、1789年のフランス革命により、絶対王政に対抗する意味で、国民主権が主張されるようになった。主権とは、国家の対外主権（国家が他国に従属せず、国際法のみに服する）と対内主権（領域内のすべての人や物を排他的に統治し、領域を自由に処分できる）に分類される。

学問としての地政学

地政学は、地理学をベースとする。国際政治や安全保障においては、地理的要因がたいへん重要となる。たとえば、ドイツとフランスは隣国同士であり、歴史的に多くの戦争を戦ってきた。その始まりが、三十年戦争である。その後、ナポレオン戦争（１８０６〜１８１５年）、普仏戦争（１８７０〜１８７１年）、第一次世界大戦（１９１４〜１９１８年）、ルール占領（１９２３年）、第二次世界大戦（１９３９〜１９４５年）と、両国は激戦を戦った。

その点、英国は、ドーバー海峡があるため、大陸欧州とは、政治・経済的に、一定の距離を保ち続けてきた。文化や法制度も、大陸欧州とは大きく異なる。こうした地理的要因があるからこそ、英国において欧州連合（ＥＵ）からの離脱が真剣に検討された。

あるいは、「敵の敵は味方」ということもある。意外にも、歴史的に、英国とロシアは親しい。ナポレオン戦争、第一次世界大戦、第二次世界大戦などがその例である。いずれも、ドイツやフランスが共通の敵だったので、同盟を結んだのである。

たとえば、第二次世界大戦では、ソ連のスターリンと英国のチャーチルは仲がいいので手を組んだというよりは、共通の敵がヒトラーだったので、手を組んだのではないだろうか。さらに、英国とロシアが遠すぎて、直接的に戦争をすることが、ほとんどなかった（例外はクリミア戦争）。

地政学は、19世紀後半以降、欧米で発達してきた。19世紀後半は、欧州列強による植民地支配、覇権争いが活発化しており、そうしたなか、地政学が生まれた。安全保障、軍事力に焦点を当てた地政学を特に、地政戦略学（Geo-Strategy）と呼ぶ〔庄司潤一郎「地政学とは何か―地政学再考―」（防衛省防衛研究所ブリーフィング・メモ、2004年3月）〕。地政戦略学は、①ドイツのカール・ハウスホーファーの生存圏理論、②英国のハルフォード・マッキンダーのハートランド理論、③米国のニコラス・スパイクマンのリムランド理論、などがある。

こうした理論は、19世紀後半から20世紀（冷戦期）に妥当していた伝統的な地政学であり、国家の（軍事的）戦略的行動を説明し予測する研究であった〔コーリン・フリント著『現代地政学――グローバル時代の新しいアプローチ』（高木彰彦ほか編訳、原書房、2014年）45頁参照〕。第二次世界大戦の日本やドイツ、冷戦時代の米国やソ連のように、国家の膨張政策を正当化するイデオロギーとして濫用されることもあった。

ドイツで発展した生存圏理論

地政学のルーツは、ドイツで発達した。国土がロシア、フランス、オーストリアといった大国に囲まれたドイツにとって、地政学は重要である。19世紀から、クラウゼヴィッツの「戦争論」など戦略論の研究が発達した。

フリードリッヒ・ラッツェルは生存圏理論を提唱した。「国家は生きている有機的組織体であり、優れた国家は生存圏を拡大する」という考えである。周囲を大国に囲まれたドイツ（あるいはプロイセン）は、生き抜くために領土を拡大する必要があった。

ドイツの戦法が、短期決戦、あるいは電撃作戦が中心になるのは、地政学的な影響が大きいからだ。自国が生き抜くためには、先制攻撃が重要となる。このため、ドイツは、平時から戦争計画をつくり上げ、先制攻撃によって緒戦で勝負を決着する戦法を得意とする。

普仏戦争、第一次世界大戦、第二次世界大戦のポーランド侵攻、フランス占領、ソ連侵攻など、ドイツはすべて電撃作戦を実行した。そして、普仏戦争のように、短期決戦で終わると勝利するが、戦争が長引くと、大国に囲まれているドイツにとっては、不利になる。海に囲まれた英国などと違い、生き残るためには先制攻撃が必要となる。それは、ハートランドとシー・パワーに挟まれるドイツの地理的な条件による。

主要な地政学用語

以下は、主要な地政学用語である。

世界島

ユーラシア大陸とアフリカ大陸を合わせた世界最大の「島」。

ハートランド

世界島の中心に位置するユーラシア大陸の北内陸部（旧ソ連の領土に相当）。

リムランド

ハートランドの周辺地域（極東、中国、東南アジア、インド、中東、地中海、中東欧、北欧）。

ランド・パワー（大陸国家）

他国と陸の国境で接する国家で、ロシアやドイツのように、海軍は小さいが、強力な陸軍を持ち、ハートランドやその周辺に大きな力を持つ。

シー・パワー（海洋国家）

国土が海に囲まれ、または、強大な海軍など制海権を有する国家であり、英国や米国の場合、ユーラシア大陸から海で隔てられている。

クラッシュ・ゾーン

シー・パワーとハートランドの間に位置する小さな緩衝国。たとえば、中欧、東欧諸国を指す。

これらがぶつかり合って、20世紀に世界大戦が起こり、21世紀の今なお、地政学的な対立が続いている。

20世紀の対立を予言したマッキンダーのハートランド理論

もっとも代表的な地政学理論は、英国の地理学者ハルフォード・マッキンダー（１８６１〜１９４７年）によるハートランド理論である。マッキンダーは、１８９９年に、オックスフォード大学に地理学部を創設し、ロンドン大学政治経済学部の学部長、下院議員も務めた〔既出『現代地政学』11頁参照〕。

マッキンダーは、第一次世界大戦、第二次世界大戦、冷戦の構造を予言し、現在の地政学の基礎を築いた。そして、20世紀初頭に、20世紀から21世紀にかけて起こるであろう世界的な対立を予言していた。

その中核は、20世紀初頭に発表したハートランド理論である。マッキンダーは、ユーラシア大陸中央部、つまり、かつての元（モンゴル）や旧ソ連の支配地域をハートランドと呼んだ。主張のポイントは、以下の通りである〔曽村保信著『地政学入門――外交戦略の政治学』（中央公論社、1984年）32頁参照〕。

・世界島（ユーラシア大陸とアフリカ大陸）を支配する者は世界を支配する。
・世界島の中心にあるハートランドを支配する者は世界島を支配する。
・東欧を統治する者はハートランドを支配する。

つまり、マッキンダーは、「東欧を制する者がハートランドを支配する。ハートランドを支配するものが、世界を制する」と主張した。なお、ハートランドの概念を初めて使用したのは、英国の地理学者で、マッキンダーの教え子であったジェームス・フェアグリーブ（1870～1953年）である〔James Fairgrieve, "Geography and World Power", *University of London*

Press, 1915〕。

もう一つの視点が、海軍力に勝るシー・パワー（米国や英国）と陸軍力に勝るランド・パワー（ドイツやロシア）の対立である。マッキンダーは、歴史的に、両者が対立してきた構造を示した。当時、米国などの新大陸は歴史が浅く、シー・パワーの覇者である英国は、普仏戦争に勝利した直後のドイツがランド・パワーとして台頭し、東欧を支配することを懸念した。

この理論に立てば、英国、フランス、ドイツなど欧州の大国は、「世界島」の西のはずれにある。そのため、リムランドと呼ばれる。言い換えれば、欧州諸国がハートランドをおさえるには、ハートランドまでの道のりにある東欧諸国が重要となる。そして、リムランドとハートランドの境界にある東欧諸国は、戦争や紛争が起きやすいクラッシュ・ゾーンである。

クラッシュ・ゾーンが世界大戦を生んだ

マッキンダーの予言は的中した。20世紀初頭に、東欧、なかでもバルカン半島は「世界の火薬庫」と呼ばれ、軍事・外交的に重要な位置を占めた。まさに、これらは文字通りクラッシュ・ゾーンとなり、世界中を戦乱に巻き込んだ。

たとえば、第一次世界大戦は東欧の小国にあるサラエボでオーストリア皇太子が暗殺されたことから始まった。第一次世界大戦の本質は、ランド・パワーの新興国ドイツと、シー・パワーの領袖であった大英帝国の対決であった。

第二次世界大戦は、クラッシュ・ゾーンにあるポーランドにドイツとソ連が同時に侵攻し、その後、両国がポーランドを分割統治したことから始まった。独ソ不可侵条約を結んだ両国だったが、やがて、ドイツは資源が豊富なハートランド（この場合、カスピ海沿岸の油田）に進出するために、1941年にソ連侵攻に踏み切った。

冷戦は、東欧に展開される「鉄のカーテン」（バルト海からアドリア海につながる）やベルリンの壁を挟んで、西側諸国と東側諸国が対立したものだ。つまり、「鉄のカーテン」はクラッシュ・ゾーン上に展開された。その後も、ハンガリー動乱、チェコの春、ベルリンの壁崩壊、旧ユーゴの内乱、ウクライナ内戦など、クラッシュ・ゾーンで大きな動乱が起きた。

20世紀初頭に、マッキンダーは、圧倒的なランド・パワー（たとえば、ドイツやロシア）がハートランドを制すれば、世界を制することになると考えた。そして、ハートランドにおけるランド・パワーがシー・パワーを攻めた場合の脅威に警鐘を鳴らし、勢力均衡が各国の安全を保障するので、自由の基礎となると主張した。

実際に、クラッシュ・ゾーンをおさえ、かつハートランドを支配したソ連は、中国、キューバ、北朝鮮、ベトナム、インド、エジプト、シリアなど、欧州以外にも同盟国を広げた。世界を制覇するには至らなかったが、米国と並び立つ国になった。

20世紀に突入し、シー・パワーである大英帝国の覇権に陰りがみられるなか、ロシアの南下政策やドイツの帝国主義により、ランド・パワーの軍事的脅威が増していた。マッキンダーは、勢力均衡のため、ドイツとロシアの間に、独立国家として、複数の東欧諸国から成る中間地帯が必要であると考えた〔ハルフォード・ジョン・マッキンダー著『マッキンダーの地政学――デモクラシーの理想と現実』（曽村保信訳、原書房、2008年）187頁参照〕。これは、ロシアやドイツに東欧を支配させてはならないとの警鐘であったが、英国政府がハートランド理論を採用することはなかった。

そして、現在のシリア難民、ウクライナ内戦、ロシアによるクリミア併合なども、クラッシュ・ゾーンが舞台となっている。今後も、マッキンダーのハートランド理論が有効であり続ける可能性が高い。

ハートランド理論の問題点

ハートランド理論には、ハートランドの重要性を過大視する傾向がみられる。それは、歴史的に、欧州はハートランドから攻めてくる騎馬民族に侵略された歴史があるためと考えられる。

英国人の多くはアングロ・サクソンと呼ばれる民族である。彼らの起源は、ドイツのアングロ、サクソン、ジュートなどの諸部族の混成である。5世紀に、アッチラ率いるフン（匈奴ともいわれるアジア系遊牧民族）が欧州に侵攻し、それが引き金となってゲルマン民族の大移動が起こった。その結果、476年に西ローマ帝国が崩壊したが、同時に現在のドイツからゲルマン人が英国に渡り、先住のケルト人をアイルランドなどに追いやった。

その後も、元（モンゴル）、オスマン帝国（トルコ）などハートランドの騎馬民族が欧州を脅かした。たとえば、フィンランド人、ハンガリー人（マジャール人）はモンゴル系をルーツに持つといわれている。

ハートランドは確かに広大であるが、その多くは砂漠や森林であり、人口も多くない。地理的な重要性は高いものの、ハートランドは文明や文化という点でも、世界的な功績はそれほど多くない。

マッキンダーが台頭した19世紀末は、大英帝国の全盛期であった。一方で、その頃、米国は建国後100年を経たにすぎず、世界では新興勢力に過ぎなかった。さらに、米国の外交政策は孤立主義をとっていたため、列強の植民地獲得競争に出遅れ、世界のなかではその影響力は限定的であった。

このため、マッキンダーの理論は、ユーラシア大陸を中心に展開されている。言い換えると、米国を中心に国際政治が展開する現代においては、ハートランド理論の限界がある。

米国で生まれたシー・パワー理論

米国海軍少将であったアルフレッド・セイヤー・マハン（1840〜1914年）は、地政学の名称の生みの親である。シー・パワー理論を提唱したマハンは、海軍の歴史家として、シー・パワーとランド・パワーの歴史を研究した。

マハンは、海洋が、安全保障上、そして経済上、重要な意味があり、世界大国となるためには、海洋を掌握することが絶対不可欠な条件であると考えた。特に、シー・パワーとして、覇権を握った大英帝国を教訓とし、米国も対外的な拡張政策をとることを求めるものであった。

詳しくは後述するが、米国は歴史的に孤立主義をとる。1823年にモンロー大統領がモンロー主義と呼ばれる外交の基本方針を打ち出した。このため、英国やフランスと比較して、米国の植民地政策は遅れていた。

マハンの理論は、ウィリアム・マッキンリー大統領、セオドア・ルーズベルト大統領などの海洋戦略に影響を与えた〔Office of the Historian website（United States Department of State）〈Home〉Milestones〉1866, 1898〉Mahan's The Influence of Sea Power upon History: Securing International Markets in the 1890s」。1898年に、米国はハワイを併合し、さらに、米西戦争に勝利し、プエルトリコ、グアム、フィリピンを領有した。1903年には、キューバから、グアンタナモ湾の海軍基地を永久租借している。このように、シー・パワー理論は、米国がその後、国際主義に転換する一つの理論的支柱となった。

米国の安全保障政策の中核となったリムランド理論

イェール大学の国際関係論の教授であったスパイクマン（1893~1943年）は、リムランド理論により、冷戦時代の米国の安全保障戦略に大きな影響を及ぼした。スパイクマンは、重要な地政学上の地域として、マッキンダーのハートランド理論を踏襲した。そして、ハートランドの周辺地域（極東、中国、東南アジア、インド、中東、地中海、中東欧、北欧）をリムランドと名付けた。

ランド・パワー（ドイツ、ロシアなど）とシー・パワー（英国、米国など）の中間にリムランドがあり、その重要性が地政学的に高いと主張する。ハートランドの周辺地域であるリムランド（周辺地域）は温暖、湿潤であり、人口が多い。よって、スパイクマンは、「世界の歴史はリムランドで生まれる」と、その重要性を主張した。そして、リムランドを支配する者がユーラシアを制し、ユーラシアを支配する者が世界の運命を制すると考えた。

さらに、スパイクマンは、旧世界と新世界の対立論を唱える。ユーラシア大陸、アフリカ、オーストラリアを旧世界、米大陸を新世界に区分した。そして、旧世界が特定の大国に支配されれば、新世界も征服されるとの脅威を示した。このため、新世界の米国が、旧世界を積極的に包囲すべきと主張した。

そこで、スパイクマンは、米国は、旧世界の大国間の均衡を構築し、維持するため、孤立主義（モンロー主義）ではなく、対外介入主義を採用すべきであると提唱した。地理的に離れていても、エア・パワー（空軍力）と機動的に世界展開できる軍隊を持つ米国は、戦後、多くの軍事同盟を結び、世界の警察官として、多くの戦争、紛争に介入した。

ハートランド理論とリムランド理論の融合

ハートランド理論とリムランド理論はいずれも有効であると考えられる。ハートランドが、世界最大の大陸であるユーラシア大陸の中心部をしめており、地理的に広大であるため、資源が豊富である。そのハートランドの大半を支配するロシアは、米国、中国と並んで、依然として世界の大国の一つである。また、ハートランドの一部を支配する中国の台頭も目覚ましい。リムランドにある中国は世界最大の人口を持ち、EUは米国を超える人口とGDPを持つ。

その結果、ハートランドとリムランド（あるいは、ランド・パワーとシー・パワー）の接触する地域が紛争の起きやすいクラッシュ・ゾーンとして、重要である。それは、クラッシュ・ゾーンが文明、宗教、人種の交差する地域であり、その上、両者の利害が衝突する地域だからである。戦後、東欧だけではなく、朝鮮戦争、ベトナム戦争、中東戦争、インド・パキスタン紛争など、世界を揺るがすような戦争の多くはクラッシュ・ゾーンで発生した。

2−3　クラッシュ・ゾーンで発生した戦後の戦争

年	出来事	年	出来事
1947年	第一次印パ戦争(〜1948年)	1971年	第三次印パ戦争
1948年	第一次中東戦争	1973年	第四次中東戦争
1950年	朝鮮戦争(〜1953年休戦協定)	1980年	イラン・イラク戦争(〜1988年)
1956年	第二次中東戦争	1990年	イラクのクウェート侵攻
1965年	ベトナム戦争(〜1973年米軍撤退)	1991年	湾岸戦争
1965年	第二次印パ戦争	2001年	米国同時多発テロ
1967年	第三次中東戦争	2003年	イラク戦争

出所：外務省

現在、紛争が起きているシリア、そして北朝鮮はいずれもクラッシュ・ゾーンに位置する。シリアに加担するのはハートランドにあるロシア、イランであり、それに敵対するのがイスラエルと米国である。

北朝鮮に加担するのは、同様にハートランドにある中国とロシアであり、それに敵対するのが韓国と米国、そしてシー・パワーの日本である。このように、現在もクラッシュ・ゾーンは、大国の衝突の場である。

3　地政学リスクと宗教対立

宗教の理解なしに地政学は理解できない

地理的要因に、歴史や宗教、民族の違いなどが加わってくると、地政学の分析は一段と複雑になる。国家が距離的に近く、しかも、民族や宗教が異なると、良好な関係を保つのは、時に難しい。とりわけ、地政学的な要因を分析するには、宗教を理解することが不可欠である。

宗教の違いが国を分断するケースもある。16世紀のオランダ（ネーデルラント）では、新教徒（プロテスタント）が多かったが、当時、支配国であったスペインがカトリックを強制したため、1568年に独立戦争が起こった（1581年独立）。その結果、オランダとベルギーが生まれた。

1947年に、イスラム教が多数派を占めるパキスタンは、ヒンドゥー教徒が8割を占める英国領インドから分離独立した。カトリック教徒の多いアイルランドの南部地域は、1922年に英国から事実上独立した（1949年、アイルランド共和国成立）。

親ユダヤ人政策を打ち出すトランプ政権は、在イスラエル米国大使館をテルアビブからエルサレムに移転した。そして、イランの核合意破棄の方針を打ち出した。これらは、中東を中心に摩擦を生み、世界的にも批判が多い。こうしたトランプ政権の政策も、宗教がわからないと、正しく理解するのは難しい。

地政学に深く関係する宗教は、イスラム教、キリスト教、ユダヤ教である。ちなみに、

2−4　各宗教の比較

	ユダヤ教	キリスト教	イスラム教
成立時期	紀元前20世紀頃	紀元前1世紀頃	610年
創始者	なし	イエス・キリスト	ムハンマド
信仰の対象	唯一神ヤハウェ	唯一神ヤハウェ	唯一絶対神アッラー
聖典	聖書	聖書	コーラン
信者の施設	シナゴーグ	教会	モスク
主な宗派	正統派、改革派、保守派	カトリック、東方正教会、プロテスタント	スンニ派、シーア派
信者数	1,427万人	23億人	18億人

注：信者数は2015年時点。
出所：Pew Research Center, "The Changing Global Religious Landscape", April 5, 2017

世界の教徒数は、キリスト教、イスラム教、ヒンドゥー教、仏教の順に多い。キリスト教とイスラム教は、多くの国に信者を持つ世界宗教である。一方で、神道やユダヤ教は、特定の民族だけが信仰する民族宗教に分類される。

宗教は民族のアイデンティティを示す場合がある。たとえば、日本人とは、一般に、日本国籍を持つものを指す。どの宗教を信じるかは関係なく、日本人とされる。しかし、ユダヤ人とは、ユダヤ国の国籍を持つものを指すものではない。一般に、ユダヤ人とは、ユダヤ教の信者、もしくは、ユダヤ人の母から生まれ、他の宗教の信者ではないものを指す。

神の在り方も違う。イスラム教、キリスト教、ユダヤ教は唯一の神を信じる一神教である。聖典のなかに、他の神を信じてはならないと定められている。そして、宗教の戒律は、唯一の神との約束事という側面がある。「戒律を守れば、天国に行ける」という具合だ。このため、唯一神を持つ宗教は戒律が厳しい傾向がある。

一方で、神道は多神教である。それも、神が増えていく特徴がある。亡くなった人を神と崇め、神社までつくって奉ることが多い。たとえば、日光東照宮は徳川家康を神様として祀っている。明治神宮は明治天皇と昭憲皇太后が祭神であり、明治時代の陸軍大将であった乃木希典も、乃木神社の神である。このように、宗教に対する考え方は、海外と日本では大きな違いがある。

中東は、キリスト教、イスラム教、ユダヤ教の発祥の地であり、歴史的にこれらは複雑に対立してきた。しかも、サウジアラビアやイランなど、政治と宗教が一体の国が多い。たとえば、イランの正式な国名は、イラン・イスラム共和国である。このため、中東を理解するには、宗教を理解することが不可欠である。

宗教の違いは生活の違いを生む

宗教は様々な要素を持つが、その人が信じる戒律や道徳観を示すものでもある。そのため、我々の生活において、それらが、習慣や風俗を超えて法律や規則になることがある。

その発想の違いがあまりにも大きいので、それがしばしば宗教間の摩擦の原因になることがある。

２０１３年の調査では、日本人の72パーセントが宗教を信じていないと答えている〔統計数理研究所「日本人の国民性調査」（２０１３年）〕。また、神道と仏教の信者であっても、必ずしも熱心に信仰する人ばかりではない。

日本では、クリスマス、初詣、結婚式や葬式など、宗教を意識せずに関わる場面が多くみられる。たとえば、キリスト教徒でなくても、多くの人がクリスマスを祝っている。あるいは、熱心なクリスチャンでも、安心、空、決定、食堂、出世、世間、大衆、長老、馬鹿、変化、利益といった言葉を使っていることだろう。これらは、すべて、仏教用語である（出所：高野山金剛三昧院）。このように、生活のなかで宗教に接していることは多い。

一般に、日本では日曜日が休日である。明治時代の初期は、江戸時代の風習を引き継ぎ、毎月、1日、6日、11日、16日、21日、26日が休みであった。しかし、欧米は日曜日が休日なので、政府は、それに合わせた。ちなみに、イスラム教では金曜日、そして、ユダヤ教では金曜日の日没から土曜日の日没までが休日（安息日）だ。

日曜日が休日なのは、キリスト教式である。なぜ、キリスト教では日曜日が休みなのか。

それは、イエス・キリストがユダヤ人だったからである。

キリストは金曜日に処刑された。金曜日の日没から土曜日の日没までは、ユダヤ教徒は働くことを禁じられている。このため、キリストの弟子たちは、処刑の日にキリストの亡《な》骸《きがら》に会うことができなかったのだ。弟子たちが安息日明けの日曜日に棺を開けてみたら、キリストは既に昇天していた。そして、キリストが復活した日曜日を安息日とした。

宗教の違いは道徳観の違いを生む

海外では、宗教は、道徳であり、かつ生活の規律を示すものであることが少なくない。つまり、「あなたの宗教は何ですか」と尋ねるのは、「どの種類の道徳を信じるのですか」という問いに近い。

日本は、夫一人に対して、妻一人を認める一夫一妻制である。民法732条は「配偶者のある者は、重ねて婚姻をすることができない」と定める。これは法律であるものの、道徳観にかかわる規律でもある。一般に、一夫一妻制を守りながらも、他に親密な女性がいると不道徳と考えられる。

イスラム教は、一夫多妻制を認める。日本の常識からすると、一夫多妻制だと女性の人権が軽視されるので、一夫一妻制が正しいと考えがちである。

しかし、一夫多妻制を認めるのは、女性軽視どころか、女性重視から生まれた考え方なのである。7世紀にイスラム教が成立した当初、イスラム教徒は迫害を受け、多くの男性が戦いのなかで命を落とすことになった。イスラム教では、ジハード（聖戦）で死ぬと天国に行けるとされる。そのため、イスラムの男たちは勇敢に戦い、多くの兵士が命を落とす。その結果、多くの未亡人や孤児が残され、彼女らは生活に苦しむことになる。

自分が死んだ後の家族のことを心配しているようでは、兵士たちは思い切って戦えない。そこで、生き残った兵士たちや戦場に行かなかった男たちが、残された未亡人や孤児の生活の面倒をみることが美徳とされた。そのためには、残った男たちが未亡人を妻とし孤児を引き取ることが望ましい。こうして、一夫多妻制の考えが生まれた。

このように、宗教の違いが道徳観の違いを生むことも多い。

キリスト教、イスラム教のルーツはユダヤ教

ユダヤ教は、キリスト教とイスラム教のルーツであり、現存する最古の宗教でもある。

ユダヤ教は、古代イスラエルが発祥であり、唯一神ヤハウェを信仰する。ユダヤ人を神か

ら選ばれた選民と考え、救世主メシアの到来を信じる。これを選民思想と呼ぶ。

ユダヤ教は、神の掟である律法を守ることを厳しく求める。律法は、モーセの十戒に代表されるように、モーセ五書（トーラー）に数多く記載がある。モーセの口伝律法として、タルムードもある。モーセの十戒は、旧約聖書に登場する。人間が守るべき倫理規範として、唯一神を守り、偶像崇拝を禁止する等、ユダヤ教の原点となっている。

ユダヤ教には、カシュルート（コーシェル）と呼ばれる食事規定があり、食べてよいものといけないものが厳格に区分されている。サバスと呼ばれる安息日の祝祭日や年6回の断食もある。つまり、厳しい戒律や律法を守れば、天国に行けるというものである。

ユダヤ民族の始祖であるアブラハムは、旧約聖書に登場し、神のお告げによりカナン（パレスチナ）の土地を与えられた。これが、イスラエルの首都がエルサレムであると解釈される理由の一つである。

ユダヤ人は、飢饉によりカナンから逃れ、エジプトのシナイ半島で暮らしていたが、その後、パレスチナ、エジプト、イラク、パレスチナと移り住み、最後は離散した。そして、20世紀に入って、イスラエルを建国した。

ユダヤ教の聖書（キリスト教では旧約聖書）は、ヘブライ語で書かれたものであり、紀元

前10世紀から紀元前2世紀頃に書かれた39の文書で構成される。アダムとイブ、ノアの箱舟、ユダ民族の始祖アブラハム、モーセのエジプト脱出などの物語が描かれている。

ユダヤ教、キリスト教、イスラム教はいずれも複数の聖地を持つが、共通の聖地はエルサレムだ。11世紀に十字軍の遠征が始まるまでは、これらの教徒は狭いエルサレム旧市街地で共存していた。そもそも、3つの宗教はルーツが同じなので、同じ聖典を持つ「啓典の民」として厳しい対立はなかった。

イエス・キリストは、エルサレムのゴルゴタの丘で処刑され、その後、復活したと伝えられる。現在の聖墳墓教会（キリスト教の聖地）はキリストの墓があった場所とされ、この場所がゴルゴタの丘だったと考えられている。

また、エルサレムは、イスラム教の開祖ムハンマドが、天使ガブリエルに導かれて、一夜のうちに昇天を経験した場所でもある。これが岩のドーム（イスラム教の聖地）のある場所だ。そのため、イスラム教の第三の聖地となっている。

ローマ帝国はエルサレムを支配したが、紀元70年にユダヤ人が大規模な反乱を起こした。ローマ帝国はエルサレム神殿を破壊しつくした。そして、わずかに残ったのが「嘆きの壁」（ユダヤ教の聖地）だ。今でも、多くの信者が、壁に触れて、祈りをささげる。

ローマ帝国によって、ユダヤ人はエルサレムの居住を禁止され、離散していった。多くのユダヤ人は中東から近い東欧、ロシア、ドイツに逃れた。ドイツ語圏、東欧諸国に定住した人々は、アシュケナージといわれる。イタリア、スペインなど南欧、トルコ、そしてアフリカに移ったユダヤ人も多い。

ユダヤ人に対する差別はなぜ生まれたのか

ユダヤ人に対する差別というと、ヒトラーのホロコースト（ユダヤ人の大量虐殺）、そしてアウシュビッツ収容所などが思い浮かぶ。

アドルフ・ヒトラーは、ユダヤ民族の絶滅を目指した。ユダヤ人とわかるように帽子をかぶらせて印をつけ、ユダヤ人をゲットーと呼ばれる特定の地域に押し込めた。だが、ユダヤ人排斥を行ったのは、ヒトラーだけではない。

ユダヤ人排斥を始めたのは、キリスト教全盛期時代のローマ教皇インノケンティウス3世である。ユダヤ人に対し、土地所有を禁じ、居住地、職業、移動を制限した。つまり、ヒトラーの行為は、13世紀にローマ教皇が行ったことを、20世紀に再現したものである。

欧州では、中世から、ユダヤ人に対する差別が続いてきた。その理由としては、以下が

考えられる。

- キリストを処刑したのはユダヤ人であり、かつパレスチナではキリスト教徒は厳しく弾圧された。
- ユダヤ教の戒律が厳しく、かつ選民思想を持つ。
- 金融などキリスト教徒が従事できない業務についた結果、裕福になり、妬みの対象となった。

再度、19世紀から20世紀初めに、ユダヤ人の排斥運動が激化した。帝政ロシアやドイツで、広範囲にユダヤ人に対する集団的迫害（ポグロム）が行われた。こうした反ユダヤ主義をきっかけに、19世紀後半以降、エルサレムにおける国家建設の運動（シオニズム）が起こり、ユダヤ人がパレスチナに移住するようになった。

１９４８年に、イスラエル国が建国されるものの、その後も、４度の中東戦争が起こることになった。パレスチナは、国際社会に翻弄され、紛争と混乱は今も続く。

キリスト教は世界に広まった

「アーメン」。この言葉は、キリスト教の教会でよく聞く言葉である。これはヘブライ語であり、「その通り！」とか「本当に」という意味だ。キリストを救世主とするキリスト教は、ユダヤ教から分離して生まれた。キリストは、紀元前4年頃に、現在のイスラエルに生まれ、紀元後30年頃に処刑された。

ユダヤ教とキリスト教の聖典は、神の言葉をまとめたものが聖書であり、これはキリスト教では旧約聖書に当たる。新約聖書は、イエスの福音書や使徒たちの言行録や黙示録などで構成され、1世紀から2世紀に完成している。この二つがセットで、キリスト教の聖書になっている。

ユダヤ教から生まれたにもかかわらず、キリスト教は、民族宗教であるユダヤ教と違って、欧米を中心に普及し世界宗教となった。その理由は、第一に、キリスト教は民族を問わないことである。同じ唯一神でありながら、ユダヤ教の神はユダヤ人だけのものだ。それに対し、キリスト教とイスラム教は、民族、国籍、性別などで制限を設けていない。

さらに、キリスト教の律法はそれほど厳しくない。ユダヤ教では、律法を厳格に遵守す

るのに対し、キリスト教は柔軟である。たとえば、イエス・キリストは、安息日に病人を治癒するなど、むしろ、それを禁止するユダヤ教の律法を批判した。キリスト教は、ユダヤ教やイスラム教と異なり、宗教法を持たない。

プロテスタントとカトリックの違い

「失楽園」というと、かつてベストセラーとなった渡辺淳一の恋愛小説、あるいは大ヒットした黒木瞳主演の映画を思い出す。あるいは、川島なお美主演のテレビドラマを思い出す人もいるかもしれない。

しかし、「失楽園」とは、元々、旧約聖書の挿話である。アダムとイブは、禁断の実を食べたので、エデンの園から追放されたという話である。その結果、禁断の実を食べたアダムは、労働という罰を与えられることになった。つまり、キリスト教（カトリック）においては、労働は罰である。

しかし、プロテスタントでは、職業、つまり労働は天職である。つまり、社会において勤勉に働くことが神の意志に沿うとする。ドイツの社会学者マックス・ウェーバーは、禁欲主義のプロテスタントが、利潤を追求する資本主義を生み出したという〔大塚明子「近代化と宗教の比較社会学に向けて――「世界宗教の経済倫理」再検討の試み」(『ソシオロゴス』第16号、1992年)175頁参照)。ドイツ人が勤勉なのは、プロテスタントが多いからだという見方すらある。

牧師と神父は、似ているようで、大きく違う。神父はカトリックの聖職者であり、独身男性に限定される。これに対し、プロテスタントの聖職者は牧師と呼ばれ、妻帯も可能であり、女性の牧師も認められている。単純にいえば、カトリックは保守的で、プロテスタントは革新的である。このように、キリスト教も宗派によって大きく違う。

プロテスタントは、比較的、歴史が浅い。元来、プロテスタントは「抗議する者」を意味し、15世紀のルネサンスの宗教改革で、マルチン・ルターや、ジャン・カルヴァンによる運動を起源とする。地域的には、ドイツや北欧、オランダや米国で普及した。

宗教弾圧は、アメリカ合衆国を生むきっかけの一つになった。16世紀に成立した英国国教会は、17世紀に入ってピューリタン(カルヴァンに影響を受けたプロテスタント)を弾圧するようになった。1620年に、弾圧を受けたピューリタンの一部がメイフラワー号で米国に移住した。米国東部の13州は、様々な宗派のプロテスタントが開拓した。その13州の植民地が英国に対して反旗を翻し、米国の独立を勝ち取った。その結果、今でも、米国ではプロテスタントが主流派である。

東方正教会は、ギリシャ正教ともいわれ、ギリシャなど東欧で、また東ローマ帝国の国教として広く普及した。なお、英国の宗派は、英国国教会である。

海のシルクロードが生んだイスラム教

紀元前から、シルクロードは中国と中東、欧州をつないでいた東西の交易路である。漢の都洛陽からローマに絹が運ばれたことから、シルクロードと呼ばれる。しかし、6世紀になると、東ローマ帝国とササン朝ペルシャが激しく衝突し、シルクロードは衰退した。その結果、海のシルクロードが発達し、紅海に近いサウジアラビアのメッカやメディナが交易都市として栄えた。

ムハンマドは、570年にアラビア半島（現サウジアラビア）のメッカの裕福な家に生まれた。610年に、天使ガブリエルを通じてアッラーの言葉を聞き、それらを神の言葉として人々に伝え始めた。しかし、622年に、迫害を受けたムハンマドはメディナに移った。これをヒジュラ（聖遷）と呼ぶ。やがて、メディナで信者を増やしたムハンマドはメッカを征服し、アラビア半島を統一した。こうしてイスラム教が誕生した。

イスラム教は、唯一絶対神アッラーへの帰依を説き、その預言者（神の言葉を聞いた人）

ムハンマドの言葉を集めたコーラン（クルアーンと発音）の教えに従う。イスラム教徒は、ムスリムと呼ばれ、同胞意識を強く持つ。正統カリフ（後継者）の時代に、イスラム共同体（ウンマ）が拡大していった。このウンマを通じた共同体思想が重要である。他の宗教と比較してのイスラム教の特徴は以下の通りである。

1、コーランが戒律を細かく定める

聖典はコーランであり、アラビア語で「声に出して読むべきもの」を意味する。ムハンマドの死後、編纂された。宗教教義の他に、礼拝、断食、巡礼、タブー、聖戦（教えのための努力）など、イスラム教徒の義務、倫理、日常生活なども書かれている。

2、シャリーアと呼ばれるイスラム法がある

宗教儀式に関する規定から、民法、商法、刑法、裁判法に関する規定がある。日本のように国会が法律を制定するのではなく、イスラム法を定めるのは神である。

3、信仰と教義の中核は六信五行である

六信は、①アッラー、②天使、③啓典、④預言者、⑤来世、⑥天命、が信仰すべきものとされる。五行として、①信仰告白、②礼拝、③喜捨（困窮者への寄付）、④断食、

⑤巡礼、が挙げられる。

イスラム教は、政治と宗教が一体であるという特徴がある。たとえば、ジハード（聖戦、本来は努力、奮闘の意味）の教えは、政治と宗教のリーダーが国家を拡大するには最適である。その結果、イスラム帝国の拡大とともに、イスラム教が急速に普及した。

イスラム教二大宗派の対立

イスラム教の二大宗派は、スンニ派とシーア派であり、人口比は9対1で、スンニ派が圧倒的に多い。ただし、イランではシーア派が9割を占める。

両派の教義は、共通する点が多いものの、イスラム教の開祖ムハンマドの後継者（カリフ）に対する考えが異なる。聖典（ムハンマドの定めた慣習）を重視するのがスンニ派、指導者の血統（ムハンマドの子孫）を重視するのがシーア派、という違いである。要は、教えを重視するか、血のつながりを重視するのかの違いである。

スンナは規範を意味し、それを重視するのが「スンナに従う人」という意味のスンニ派である。ムハンマドとの血縁ではなく、ムハンマドの言行録、そしてそれによって形成された共同体であるウンマを重視する。スンニ派の4代続いたカリフは、ウンマの軍事・政治的な指導者でもあり、アラビア半島を越えて、勢力を拡大させた。

一方、シーア派は、血統主義により、ムハンマドと血縁があるアリーの子孫をイスラム共同体の指導者として考える。シーア派は、アリーの党派とも呼ばれる。ムハンマドの血を引くので、正当な後継者であると主張する。

このように、シーア派とスンニ派は、プロテスタントとカトリックほどの大きな相違はない。しかし、プロテスタントとカトリック同様、あるいは、それ以上に、現代でもスンニ派とシーア派の対立が続く。

終わりなき地政学リスクの出現

21世紀に入り、世界は、新たな地政学リスクに直面している。このなかで注目すべきは、引き続き、中東が世界の金融市場を揺るがす震源地になっていることである。前述のように、戦後、世界の金融市場を揺るがす事件は、間接的な影響のあるものを含め、多くが中東発であった。

イラクのフセインは、イラン・イラク戦争、湾岸戦争、イラク戦争の主人公となった。

アルカイダのビンラディンは、米国同時多発テロを引き起こし、犠牲者は約3、000人に及ぶ。リビアのカダフィは、パンナム機爆破事件など多くの国家テロを指揮したといわれる。しかし、今では、これらの世界中を震撼させた中東のリーダーたちは、この世を去った。イスラム国（IS）も掃討された。

それでも、終わりはない。欧州や中東で民族的対立、宗教的対立が激化し、その結果、紛争、テロが頻発している。それが多くの難民を生み、欧州では、大きな社会問題となっている。米国、ロシア、欧州、中東の対立、紛争は、歴史や宗教が深く絡むため、容易には理解しがたい。

一般的なイメージでは、イスラム教徒は攻撃的にみえる。意味もなくテロを起こす危険な集団とみられることもある。トランプ政権は、中東からのイスラム教徒の入国を禁止したこともあった。

しかし、何事も、見方を変えると違ってみえる。中東は、文明の発祥の地であり、我々がアラビア文字を使いこなすように、中世までは世界の文化の中心であった。

平和に暮らしていた中東を侵略したのが、11世紀から13世紀にかけての十字軍であった。また20世紀には、欧州列強が植民地政策を展開し、国境を引いてアラブ民族を分断した。

その後も、石油資源を欲しがる欧米諸国が中東諸国に、政治的、あるいは軍事的に介入した。それが、4次にわたる中東戦争、湾岸戦争、イラク戦争、そしてアラブの春などを生んだ。逆に、近代以降、中東のアラブ民族が、欧州や米国を侵略したことは、一度もない。このように、歴史や宗教を理解しないと、欧米で続くテロの意味がわかりづらい。

次章では、歴史や宗教の視点を重視しながら、中東と北朝鮮情勢を分析する。

第3章

地政学の視点から中東と北朝鮮情勢をみる

1　地政学リスクに大きな影響を与えるトランプ政権

米国トランプ大統領の登場は歴史的な必然

米国第一主義を掲げるドナルド・トランプ大統領が登場し、これまでの外交・通商政策を大転換した。就任後、トランプは、激しい批判にもめげず、環太平洋パートナーシップ協定（TPP）離脱、メキシコとの国境の壁の建設、中東など特定国からの入国制限など大統領選挙時の公約を矢継ぎ早に実行した。その結果、中東、ロシア、中国、北朝鮮など、世界の至る所で様々なリスク要因が台頭している。

さらに、トランプ政権の政策は、世界の金融市場を大きく揺り動かすことがある。シリア爆撃、イスラエルの米国大使館のエルサレム移転、鉄鋼とアルミニウムの輸入関税引き上げなどがその例である。

トランプ大統領誕生の主因の一つは、既存の政治家に対する反発である。貧富の差が拡大するなかで、熱心に選挙活動する富裕層と選挙にあまり行かない低所得者層は、どうしても利害が対立する。このため、議会が国民の意思から乖離する傾向がある。

トランプは、こうした既存の政治勢力に対する国民の不満をうまく吸収してきたといえよう。大企業を重視する傾向が強い共和党候補でありながら、弱者救済、国内産業保護を強く打ち出した政策は、支持層を広げてきた。その結果、米国民は、政治経験が皆無のトランプを大統領に選んだのである。いわば、トランプ大統領の登場は歴史的な必然である。

多様性が進む米国の政治家

就任前、トランプは、有力な公職を経験していない。行政経験はなく、外交・安全保障の専門家でもない。その意味では、特異な大統領であるといえる。

米国の歴代大統領のほとんどはＷＡＳＰ（ホワイト・アングロ・サクソン・プロテスタント）の男性で占められていた。しかも、就任前に、豊富な政治経験を持っている場合が多かった。ＷＡＳＰとしての例外は、カトリック教徒であったジョン・Ｆ・ケネディと、父親がケニア出身であるバラク・オバマのみである。

歴代大統領の前歴は、副大統領がもっとも多く、次いで、州知事、連邦議員の順となる。歴代44名の大統領のうち、政治家の経験がなかったのは、米墨戦争の英雄ザッカリー・テイラー、南北戦争の北軍将軍ユリシーズ・グラント、第二次世界大戦時の連合国総司令官ドワイト・アイゼンハワーの3名である（過去100年間ではアイゼンハワーのみ）。ただし、いずれも軍人として大きな実績を挙げているので、公職者に分類される。

しかし、21世紀に入って、政治家の多様性が高まった。オバマは、ケニアと米国出身の両親を持つ。オバマは、元々、弁護士であって、国政においては、上院議員をわずか3年務めたにすぎない。

2016年の大統領選挙で、民主党の大統領候補の指名を獲得したのは、女性であるヒラリー・クリントンである。また、クリントンに迫る健闘をみせたのが、自らを社会主義者と呼ぶバーニー・サンダース（ポーランド系ユダヤ人）である。

共和党の大統領候補の指名において、最後までトランプと激しく争ったのが、カナダ生まれのキューバ系アメリカ人であるテッド・クルーズである。一時期は、黒人の脳神経外科医ベン・カーソン、両親がキューバ出身のマルコ・ルビオも、有力候補であった。

つまり、主要な候補者は、誰ひとり、WASP、男性、政治のプロという条件を満たさなかったのである。こうした現象は、米国社会の構造変化を表しており、今後も続く可能性が高い。

ビジネスマン出身初の大統領

トランプ（72歳）は、不動産王とも称される富豪である。父親の不動産会社でキャリアをスタートさせ、その後、コンドミニアム、ホテル、カジノ、ゴルフコースなどを運営している。

何度も破産を経験しながらも、そこから立ち直っているのが特徴的である。1990年に開業したアトランティック・シティのカジノリゾート（トランプ・タージ・マハル）は、多額の負債を抱え、翌年、破産（チャプター11による債務免除）を申請した。1988年に取得したニューヨークのプラザホテルも負債を抱え、持分を徐々に売却していった。

1995年に、トランプホテルズ＆カジノ・リゾーツが上場を果たしたが、2004年に破産を申請した。2009年には、トランプ・エンターテイメント・リゾーツとして、破産申請した。2014年にも破産申請し、アイカーン・グループ傘下に入った。

2004年から、テレビ番組のホストを務めるなど、メディアにも度々登場している。トランプタワー、トランプシャトル（航空会社）、カジノホテルを運営していたこともあって、米国における知名度はたいへん高い。

米国民がトランプ政権を選択した

米国の選挙制度は独特であるため、全体の民意と選挙結果は必ずしも比例しない。それが特に、大統領選挙において顕著である。

基本的に、米国の選挙（議会選挙も含む）には、予備選挙と本選挙がある。大統領選挙の場合、予備選挙は、本選挙に先立って、政党の代議員を選出するために行われる。予備選挙で選ばれた代議員が、全国党大会で各党の正副大統領候補者を選出する。実際には、予備選挙の過程で、候補者は実質的に決定されている。予備選挙が行われず、党員集会で決定する州もある。

大統領本選挙では、有権者が大統領に直接投票するのではなく、有権者が選挙人団を選出し、選挙人団が大統領を選出する形態をとる。全米50州（上院下院議員数と同数）及びコロンビア特別区3名の選挙人が、選挙人団を構成する（合計538人）。

原則として、一般投票で1票でも多く獲得した大統領候補者が、その州の選挙人団票を総取りできる（勝利独占方式、ウィナー・テイク・オール）。大統領に当選するためには、この538票のうち270票を獲得しなければならない。このため、一般投票の得票数が多くても、選挙人の得票数が少なくて、大統領になれないという事態もありうる。

２０１６年の大統領選挙では、得票数はクリントンが６、５８５万票、トランプが６、２９８万票だった。しかし、選挙人獲得数は、トランプ３０４人、クリントン２２７人とトランプが圧勝した。さらに、トランプが所属する共和党が上院、下院で多数を獲得した。つまり、米国民の多数は、トランプ政権と共和党の政策を明確に支持した。そして、米国の有権者はトランプの掲げる米国第一主義を選択したのである。

トランプの支持層を固める戦略

世界のリーダーであるトランプ大統領の反グローバリズム的な政策は、日本でも反発が大きい。強調したいのは、トランプ政権に対して情緒的な評価をすると、投資判断を誤るおそれがある点である。

多くの人が、２０１６年の大統領選挙はクリントンが優位にあると予想していた。多くの人が大統領選の予想を見誤った原因の一つは、反トランプ色の強いマスコミを通じて、選挙戦をみていたからである。

トランプは、ＣＮＮなどの有力なマスコミと決定的な対立関係にある。しかし、これも計算ずくだろう。トランプの主たる支持層は社会的な影響力が必ずしも大きくない労働者層である。トランプは、インテリやマスコミを敵に回しても、新聞は読まないがツイッターを読む層をがっちり押さえる戦略をとる。

一方で、「米国が難民受け入れを制限するのはけしからん」という論調がある。2016年に、世界で難民認定を受けた19万人のうち、米国は10万人（2017年は3万人）も受け入れたが（出所：国連）、日本が難民を受け入れたのは28人のみである（出所：法務省）。米国が、日本と同様、難民受け入れの基準を適正化することは当然である。これは、トランプ支持層による支持が高い政策であり、トランプとしては適切な政策である。

トランプの戦略目標は、2020年の大統領選の勝利だろう。前述のように、大統領選は州別のウィナー・テイク・オール方式なので、東部と西部のインテリ層と非白人の票を捨てても、中西部と南部の保守層と白人労働者をがっちり固めれば再選も可能であろう。

トランプ政権の支持基盤

トランプ政権の政策は、たいへん内向きにみえる。特に、貿易政策や中東政策などは、理解しづらい。その理由は、トランプ大統領が以下のような異なる支持層を持ち、これらの影響を受けるからである。

1、共和党保守派

共和党は、保守主義を掲げるティーパーティの台頭の影響が大きい。ティーパーティは、小さな政府、自己責任、自由主義経済などを主張する草の根保守運動である。一般に、支持者は、経済的に豊かで、高齢、白人、熱心なキリスト教信者といった属性を持つ。数こそ少ないものの、高所得者が多いので、政治活動に豊富な資金を投入することができる。

2、白人の労働者層

中西部の高校卒業程度の学歴を持つ白人労働者層も有力な支持層である。白人労働者層は、移民増加によって職を奪われ、あるいは治安悪化の影響を受けているといわれる。このため、移民の制限や、対中国貿易政策において、強硬策を打ち出すことが多い。

意外にも、トランプは、共和党のなかでは、ヒスパニックに人気がある。選挙に行くのは、メキシコなどからの合法な移民である。彼らにとって、不法移民が自分たちの仕事を奪うことを防ぐので、不法移民排斥政策を歓迎することも多い。実際に、トランプは、共和党予備選挙において、ヒスパニックの多いネバダ州、アリゾナ州、フロリダ州などで圧勝した。

3、ユダヤ教徒とキリスト教福音派

トランプの娘婿ジャレッド・クシュナー、娘のイバンカ、そして孫たちはいずれもユダヤ教徒である。旧約聖書はユダヤ教聖書と同根である。福音派は聖書の教義を重視する宗派であるため、ユダヤ教徒とキリスト教福音派は宗教上近い存在である。このため、米国大使館のエルサレム移転は、ユダヤ教徒のみならず、福音派も強く支持する。

共和党保守派、そしてユダヤ教徒とキリスト教福音派は比較的重複している。そして、白人の労働者層とキリスト教福音派もある程度重なる。よって、トランプ政権はこれらに焦点を当てた政策を実行している。

米国第一主義は米国外交のDNA

米国第一主義は、米国の外交戦略の伝統である。歴史は、建国にさかのぼる。1620年に、英国国教会の弾圧を受けた清教徒は、メイフラワー号で新天地アメリカにたどり着いた。その後、欧州の階級社会を嫌い、多くの人々が自由とアメリカンドリームを求めて移住してきた。

１７７３年のボストン茶会事件は、英国の植民地に対する課税に反発して起きた。これが、１７７６年の独立宣言につながった。それ以降、外交的に、欧州からは距離を取る政策をとった。米国の伝統的孤立主義は、①他の国と同盟を組まない単独主義、そして、②米大陸以外（特に欧州）に介入しない不介入主義、から構成される〔安藤次男「ブッシュの単独主義外交とアメリカ孤立主義」（立命館国際研究 第22巻 第3号、２０１０年３月）〕。

１８２３年に、第5代大統領ジェームズ・モンローが、米国が欧州に干渉しない代わりに、米大陸は米国の影響下におき、欧州の介入を避けることを求めた。モンロー大統領は、他国と同盟を組まない単独主義と、欧州などへの不介入主義を外交方針として宣言した。これは、モンロー主義と呼ばれ、基本的に長く続いた。

米国が長く孤立主義をとることができた理由としては、その地理的な条件がある。米国が欧州やアジアから離れており、独立・建国後は、第二次世界大戦まで国土が他国に攻撃されたことはなかった。このため、自国防衛のために軍事同盟を結ぶ必要がなかった。さらに、広大な国土、人口、食糧生産力、資源、そして経済力を持っていたので、他地域に干渉する必要性が小さかった。

米国の外交政策は対外不干渉主義を基本とした。第一次世界大戦後、米国は国際連盟に加盟せず、1939年に、ヒトラー率いるドイツが欧州を蹂躙しても「これは欧州の戦争に過ぎない」と不介入主義を貫いた。

しかし、孤高の単独主義は維持できず、1941年の日本による真珠湾攻撃を機に、米国は積極的に世界の安全保障や経済システムの構築に関与する国際主義に転換せざるを得なくなった。戦後、ミサイルが宇宙を飛ぶ時代には、もはや、米国は孤立主義をとることはできず、その安全保障政策を国際主義に転換した。そして、ソ連に対峙する冷戦が始まり、欧州や日本などと軍事同盟を締結し、世界の警察官となった。

孤立主義に回帰する米国

それが大きく転換したのは2010年代のことである。2013年に、オバマ前大統領は、「米国はもはや世界の警察官ではない」と宣言し、外交・安全保障上の戦略を大転換した。つまり、トランプ政権になって、突如として米国が内向きになったのではなく、その傾向は前政権から始まっていたのである。これには、3つ理由がある。

第一に、米国にとって、2000年代のイラク戦争、アフガン戦争の負担が過大になったからである。戦争が長引いたため、多くの米国の青年が亡くなり、国民の間に厭戦気分が広がった。米国の死者は、イラク戦争で6、000人から8、000人、アフガン戦争は、3、000人から5、000人との推計がある〔Catherine Lutz, "US and Coalition Casualties in Iraq and Afghanistan", *Watson Institute for International Studies*, Brown University, February 21, 2013〕。

第二に、シェール革命によって、米国が世界最大のオイル産出国になったからである。米国の原油生産は急増しており、その結果、米国にとって、中東など海外の石油権益の重要性が低下した。技術革新により、地下3000メートル前後にあるシェール層からの石油や天然ガスの生産が急拡大している。従来型の資源開発技術とIT技術が複合的に進化を遂げ、天然ガスや原油を低コストで生産することが可能となった。

また、世界の安全保障の脅威であった反米勢力のイラクのフセイン、リビアのカダフィ、アルカイダのオサマ・ビンラディンは殺害された。このため、米国が中東に大規模な軍隊を展開する必要もなくなった。

第三に、米国にとって、欧州と軍事同盟を維持する必要性が低下したためである。冷戦の終結により、ロシア（ソ連）の脅威が後退したため、欧州と強い同盟関係を維持する必要がなくなった。

トランプ政権では、国防費が増加傾向にある。それでも、米国の国防費対GDP比率は2010年の4・7パーセントから、2018年には3・2パーセントへ低下する見込みである。世界の警察官がいなくなれば、治安が悪化するのは当然である。そして、世界的に、大規模な戦争がなくなった代わりに、地域紛争やテロが頻発するようになった。

意外に強固なトランプ政権の基盤

日本でいわれているほど、トランプ政権の基盤は脆弱ではない。米国の政治制度は日本と大きく異なるため、世論調査と選挙の結果は大きく乖離する傾向にある。

米国には、日本の戸籍や住民票に当たる住民登録制度がないため、選挙権は、18歳以上で、有権者登録を行った者に限られる。米国市民は、各居住地で登録の上、有権者資格を得る。登録の際、支持政党（無所属登録も可能）を申告するため、政党の党員として登録され、予備選挙や党員大会に参加できる。

選挙に参加するには、有権者登録をした上で、投票所に行って投票するという二つのプロセスが必要となる。このため、2012年の大統領選挙の有権者による投票率は62パーセントにとどまった。大統領選挙がなく、中間選挙にあたる2014年の連邦議会選挙の投票率は42パーセントと低かった。

投票率が高い傾向にある有権者は高齢、高学歴、高所得、白人などであり、低い傾向にあるのが若年者、低学歴、低所得、ヒスパニックなどである。前者は共和党支持者が多く、後者は民主党支持者が多い。当然のことながら、選挙に行かない人の支持率は選挙結果にあまり影響しない。２０１６年の大統領選挙で、事前に優勢と伝えられたクリントンが敗れたのは、選挙に行かない層の支持が高かったからである。

そこで、米国政治の主流を占める共和党の党員からの支持が、トランプ大統領にとっては重要である。全体では、トランプ政権の支持率は41パーセント（不支持率は55パーセント）と低いが、共和党支持者のトランプ支持率は87パーセントと圧倒的に高い（ギャラップ調査、２０１８年6月18〜24日）。さらに、これらは緩やかながら上昇傾向にある。

このように、トランプ政権のコアの支持層である共和党保守層と白人労働者層からの支持は強固なのである。

トランプ色を強める政権人事

トランプ政権は、主要閣僚など政権内の主要ポストを大きく入れ替え、米国第一主義を前面に出した政策を実行している。

政権が発足した当初、グローバル主義者の多くは政権を去り、トランプの基本的な思想に近い人物が登用されている。主要ポストでは、コーン国家経済会議議長（後任：経済評論家のラリー・クドロー）が辞任し、ティラーソン国務長官（同マイク・ポンペオCIA長官）、マクマスター国家安全保障担当大統領補佐官（同ジョン・ボルトン元国連大使）らを解任している。

人事を入れ替えた後、トランプ政権は、コアの支持者にターゲットを当てた政策を次々に打ち出している。その代表例が、イスラエルの大使館移転（テルアビブ→エルサレム）である。これは、日本では「暴挙」と報道されることもあるが、米国ではユダヤ人のみならずキリスト教福音派が幅広く支持する政策である。2017年6月には、上院で90対ゼロの大差で、大使館の移転促進への決議が可決されている。また、史上最大級の巨額の減税も、富裕層の多い共和党保守層好みの政策である。

さらに、トランプ政権は鉄鋼とアルミニウムの輸入関税引き上げを発表した。米国の製造業はGDPの12パーセント（2017年）なので、これらは米国経済にはあまり影響を与えない。ただし、白人労働者層の支持を集めるには有効である。同様に、メキシコとの国境に壁をつくる政策も、共和党支持者に焦点を当てている。

今後も、世界の批判をよそに、トランプ政権は米国第一主義を貫くことであろう。そして、米国の政治はそれを可能にする制度になっている。

トランプ大統領の弾劾はあるか

トランプ大統領に対する弾劾について言及されることがある。弾劾とは、大統領を議会などの権限で免職させることである。憲法上、議会は、大統領、副大統領、政府高官、裁判官等に対し、弾劾する権限が保証されている。

日本の内閣不信任決議は過去４回可決されたが、米国大統領の弾劾が、正式に成立したことはない。米国の弾劾制度は、犯罪に対する裁判であり、日本の首相に対する不信任決議とは大きく異なる。

最初に、下院が出席議員の過半数の賛成によって、弾劾訴追を行う。そして、上院が最高裁長官を裁判長として、弾劾裁判を行う。裁判では、下院が検察管理人となり、被告が大統領、そして、上院が陪審として機能する。上院の出席議員の３分の２の同意により、有罪判決が下された場合、大統領は免職となる。

1868年に、アンドリュー・ジョンソン大統領（在任期間1865〜1869年）は弾劾訴追を受けた。しかし、弾劾裁判の結果は、賛成35票、反対19票と、有罪認定にわずか1票足らず、無罪判決を受けた（出所：上院）。

ビル・クリントン大統領（1993〜2001年）は、アーカンソー州知事時代の州職員に対するセクハラ訴訟を提起された。当時の偽証、司法妨害等を事由として、1998年に弾劾訴追を受けた。しかし、1999年の弾劾裁判で無罪となった。

実質的に弾劾が成立したのは、リチャード・ニクソン大統領（1969〜1974年）である。1974年に、ウォーターゲート事件の責任を追及され、下院司法委員会が弾劾を可決した。そして、ニクソン大統領は弾劾裁判前に辞任した。

トランプ大統領への弾劾のハードルはたいへん高い。最高裁長官を裁判長とする裁判であるため、大統領は犯罪に該当した場合にのみ弾劾の対象になる（不信任決議ではない）。さらに、現在、上院・下院とも与党共和党が多数を占める。しかも、トランプ大統領に対する共和党支持者の支持率は87パーセントと圧倒的に高いため、共和党議員が簡単に弾劾に賛成するとは考えにくい。

君子は豹変する

トランプは、ＩＴバブル崩壊、リーマン・ショックなど、厳しい危機を生き抜いてきた。考え方が硬直的だと、変化の激しいビジネス、それも不動産業では生きていけない。その意味でも、トランプは柔軟性が高い。

大統領選挙では、直前まで戦っていた政敵とがっちり握手して、協力を得るということもあった。

たとえば、クリントンとの大統領選の討論会において、トランプは「自分が政権に入ったら、クリントンのメール問題を徹底して捜査する」と強調していた。しかし、選挙戦の終了後、何もアクションを取らないことを表明した。あるいは、マスコミから過去の言動が食い違っていることを指摘されると、「自分はビジネスマンなので、環境が変われば、考えが変わるのは当然である。そうでなければビジネスは成功しない」と反論している。これが、彼の真骨頂である。

トランプの一見破天荒な発言も、その多くは計算しつくされている。その点は、経験豊富なビジネスマンであるだけに、外交面でも深い読みがある。たとえば、北朝鮮の金正恩委員長を「リトル・ロケットマン」と呼び、最大限の軍事圧力をかけると恫喝した。ところが、一転して、金正恩と会談し、がっちり握手をかわした。

過去の例をみると、外交の経験がなくても、外交で成功した大統領は少なくない。大統領就任前に、外交経験がまったくなかったレーガンは、ソ連との冷戦において、大きな実績を残した。そして、同じく外交経験がまったくなかったビル・クリントンは、冷戦終結後の世界の混乱を大きな波乱なく乗り切った。

2　パワーバランスが変わりつつある中東

中東の民族と宗教の多様性

トランプ政権の誕生により、中東のパワーバランスは大きく変わりつつある。現在の中東を理解するには、二つの大国であるイラン対サウジアラビアの対立の構図を理解することが重要である。中東は、これらの対立を軸に、イスラエルと米国、ロシアなどが複雑に絡み合い、国際情勢を揺るがしている。

歴史的に、ハートランドとリムランドに接する中東は、東欧と並んで世界有数のクラッシュ・ゾーンを形成している。アジア、欧州、アフリカの中間に位置するため、多くの民族、宗教、文化、言語、技術が入り交じる。以下の理由から、中東は古代から世界の火薬庫であり続けた。

・文明の発祥地（チグリス・ユーフラテス、エジプト）であり、世界島の結節点である中東は、古くから交通や商業の要衝として栄えた。
・キリスト教、イスラム教、ユダヤ教の発祥の地として、異なる民族や宗教が複雑に交わっている。
・20世紀に、原油の開発が始まり、世界最大の油田地帯となった。

中東の民族、宗教は複雑である。アラブ人は、中東、地中海岸の広範囲にわたって居住しており、多様性を特徴とする〔宮田律著『中東イスラーム民族史』（中公新書、２００６年）３頁参照〕。風俗習慣は国により異なるが、言語は大きく異ならない。これは、アラブ人の多くがイスラム教を信仰し、その結果、聖典であるコーランを通じて、共通の言語が普及したからである。このため、国が違っても、言語は大きく違わずに会話できる。

イスラム教徒は同胞意識を強く持ち、ウンマ（イスラム共同体）を通じて、共同体思想が形成された。イスラム社会には、キリスト教のような聖職者は存在せず、ムスリムが平等に参加する水平で単一の組織として構成されている〔外務省「イスラム研究会」報告書（2000年12月）23頁参照〕。このため団結力が強い。

世界の文明の中心地だった中東と地中海東部

世界の文明は現在のイラクで始まった。紀元前8000年頃に、イランで原始農耕が開始され、紀元前5000年頃に、大河の恵みがあって肥沃なメソポタミア（現在のイラク）で灌漑農耕が行われた。その後、世界の繁栄の中心地は、古代文明の発祥地メソポタミアとエジプト、自然科学が発達したギリシャとマケドニア、ローマ帝国、そして、東ローマ帝国と、移っていった。

このように、古代から中世までは、中東、ローマ、ギリシャ、トルコなど地中海東部が、世界の文明の中心地となった。

中世は、トルコのイスタンブール（コンスタンチノープル）と現在のイラクの首都バグダッドが、世界の文明の中心地であった。東ローマ帝国（３９５〜１４５３年）と同時期に、アッバース朝（イスラム帝国、７５０〜１２５８年）、そしてセルジューク朝トルコ（１０３８〜１１９４年）が繁栄を極めたが、いずれもその首都はバグダッドであった。

３３０年に、ローマ帝国の皇帝コンスタンティヌスが、首都を現在のイスタンブールに建設した。イスタンブールは、古くから「東西文明の十字路」として栄えた。そして、ローマ帝国、ビザンツ帝国（東ローマ帝国）、オスマン帝国という3代続いた大帝国の首都だった。それ故、イスラムとキリスト教が融合した多くの歴史的建造物に恵まれている。

世界最先端の科学技術が発達した中東

一般的なイメージでは、先進国とは欧米諸国や日本のことを指し、中東諸国は、新興国、あるいは発展途上国と位置付けられる。しかし、かつて、中東は世界で最高水準の文明を誇った先進国であった。

中東は、ユダヤ教、キリスト教、イスラム教に関連して、建築物、聖典、美術品、天文学などが大いに発達した。暦と天文学と占星術は宗教と密接に関連する。バチカン宮殿の豪華な装飾品に代表されるように、建築、美術も宗教と密接に関連する。このように、宗教があるからこそ、科学技術が発展した側面もある。

地理的に、中東は欧州と中国、インドの文化を吸収できる点で有利であった。ルネサンス時代の三大発明とは、火薬、羅針盤、活版印刷術である。そのうち、火薬、羅針盤は中国で生まれたものが、中東を経由して、欧州に伝えられ発達した。

インドの科学や文化も、大いに中東の文明に影響を与えた。インドでは、占星術や様々な宗教などの影響を受けて、天文学や数学が発達した。インドの最大の功績は数字のゼロの概念を発見したことである。やがて、インド数学はアラビア数学として発展し、今でも我々が使う代数学、幾何学などに進化した。そして、アラビア数字（算用数字）が完成した。

中東の科学文化は、現在の我々の生活に大きな影響を与えている。アラビア語が語源となった英語は多い。たとえば、数学や科学に関連するものでは、アルコール（alcohol）、代数学（algebra）、錬金術（alchemy）、アルゴリズム（algorism）などがある。

欧州列強の帝国主義が中東問題を複雑化させた

近代以降、欧州列強は、様々な策略を用いて、中東を支配してきた。そして、この時の欧州列強の介入が、現在の中東問題を複雑化させている。

1914年に、第一次世界大戦が始まった。英国、フランス、ロシアなどの連合国と、ドイツ、オーストリア、オスマン帝国などの同盟国が戦った。英国の「三枚舌外交」の由来は、第一次世界大戦を有利に導くために、以下の協定を別々に結んだからである。

フサイン・マクマホン協定

オスマン帝国占領下のアラブ人（サウジアラビア）に、戦後の独立を約束し、軍事支援をした。

サイクス・ピコ協定

ロシア、フランスと秘密協定を結び、戦後、オスマン帝国の領土を3国で分割統治することと、パレスチナを国際管理することを定めた。

バルフォア宣言

ロンドンのユダヤ金融資本と中東のユダヤ人の協力を得るために、パレスチナにユダヤ人の国家をつくることを約束した。

つまり、英国は、アラブ人には独立を約束し、ユダヤ人にはユダヤ国家の建国を約束する一方で、フランス、ロシアと、中東を分割統治することを裏で約束していた。現在の中東の国境線の多くはこの時期に決まった。イラク、ヨルダン、シリア、クウェートなどの領土は、事実上、英国、フランス、ロシアの秘密協定であるサイクス・ピコ協定によって決まったといって過言でない。

第一次世界大戦後、オスマン帝国の旧領土は、英国がイラク、ヨルダン、パレスチナ、そしてフランスがシリアやレバノンなどを国際連盟の委任統治領として事実上支配した。1930年代に、パレスチナにユダヤ人が大量移住したため、アラブ人によるユダヤ人排斥運動が起こった。第二次世界大戦後、英国は、収拾がつかなくなったパレスチナの管理を国際連合に委ねた。これが、今なお続くパレスチナ問題の始まりである。

1948年に、国連総会で、パレスチナをユダヤ国家（イスラエル）とアラブ国家に分割する決議が採択された。周辺アラブ諸国がイスラエルに対し宣戦布告したが、イスラエルの圧勝に終わり、パレスチナ全域の75パーセントの土地を手に入れた（第一次中東戦争）。そして、第二次中東戦争（1956年）、第三次中東戦争（1967年）でも、イスラエルは戦いを有利に進め、領土を拡大した。

イラン対サウジアラビア、イスラエルの対立構造

イランの正式名称は、イラン・イスラム共和国である。最高指導者が宗教・政治上の統治権を有する。宗教者であるセイエド・アリ・ハメネイ師が最高指導者であり、大統領はハッサン・ローハニである。イランはイスラム教シーア派が圧倒的な多数を占める。シーア派は、イランのサファヴィー朝（1501年建国）が国教として採用し、イラン王朝の支配地域を中心に信仰されてきた（宮田律「シーア派とは何か」（中東協力センターニュース、2011年4・5月））。

紀元前5世紀のアケメネス朝ペルシャ時代には、中東全土を支配したので、早くから国家意識が芽生えた。一方で、アラブ諸国の多くは20世紀に入って建国したため、国家としての意識が薄い。

イランは、アラブ人中心の他の中東諸国と異なり、インド・ヨーロッパ語族に属する。アラブ人とは、身体的特徴が異なり、欧州人と同様の傾向がみられる。その人口は約8、000万人と、サウジアラビアの約3、000万人を大きく上回る。さらに、確認埋蔵量

はオイルが世界4位、天然ガスが世界2位と、世界最大級の資源大国である（2017年）。

つまり、イランは、インド・ヨーロッパ語族でありかつシーア派だが、他の中東諸国はアラブ人で、かつスンニ派が主流である。シーア派が多数を占める大国はイラン、イラクしかない。シーア派は少数派であったため、歴史的に厳しい迫害を受けてきた。このため、シーア派の盟主であるイランが、中東各地域の少数派であるシーア派を支援している。

イランは、イスラエルと対立関係にあるシリアのアサド政権（シーア派に近いアラウィー派）を軍事支援している。シリアは、ロシアにとって地中海で唯一の海軍基地を提供しているため、ロシアの支援も受けている。さらに、イランは、イスラエルと対立関係にあるレバノンの反政府勢力ヒズボラ、そして、サウジアラビアと対立関係にあるイエメン共和国の反政府勢力であるフーシを軍事支援している。

イランと米国の対立

イランは、アラブの盟主であるサウジアラビアや米国との関係が深いイスラエルと対立関係にある。しかも、イランは、ロシアや中国と比較的親密である。こうして、中東には、イラン、ロシア対サウジアラビア、イスラエル、米国の対立関係がある。

１９７９年に、宗教指導者アヤトラ・ホメイニが国王政権を打倒し、イラン革命が発生した。テヘランで学生たちが米国大使館を占拠し、米国の外交官を人質にした米国大使館人質事件が発生した（４４４日後に人質は救出）。その後、米国は、イランに対して制裁を科してきた。

２００２年に、イランによる核開発活動が発覚した。国際原子力機関（ＩＡＥＡ）の保障措置協定違反であるとし、２００６年の国連安保理決議に基づき、国際社会が経済制裁を科した〔小塚郁也「国際社会の対イラン制裁―スマート・サンクション＋αの経済制裁の実効性について―」（防衛研究所紀要　第19巻　第2号、２０１７年３月）〕。２０１２年以降、ＥＵは、独自にイランに対する制裁を強化した。

２０１５年に、米国を含む安保理常任理事国とドイツ（Ｐ５＋１）及びＥＵは、イランと核技術に関する包括的共同行動計画（ＪＣＰＯＡ）に合意した。２０１６年に、ＩＡＥＡがイランの核開発活動の縮減を確認したことで、核問題に関する経済制裁が撤廃された。

２０１８年に、トランプは、ＪＣＰＯＡから脱退し、制裁解除を撤廃することを発表した。イランによる核兵器と大陸間弾道ミサイルの保有を認めず、核開発を監視していく予定である。

トランプ政権による制裁解除の見直しに対しては批判が多い。しかし、中東各地のシーア派をイランが軍事支援をしているので、イランの経済力が増せば、中東がさらに不安定化する可能性が高い。よって、サウジアラビアやイスラエルがイランに対する制裁解除の見直しを支持している。

苦悩するアラブの盟主サウジアラビア

イランと対峙するのが、大多数を占めるスンニ派の盟主サウジアラビアである。サウジアラビアとは、国王であるサウード家のアラビアという意味である。国王が首相を兼務する。憲法は、コーラン、スンナ（預言者ムハンマド言行録）であり、イスラム法による統治体制である。

サウジアラビアがアラブの盟主の地位にある理由として、①イスラム教の発祥の地（聖地メッカ、メディナを有する）、②世界最大級の産油国として石油輸出国機構（OPEC）のリーダーの地位、③国王中心の政治体制の安定、が挙げられる。ただし、建国は1932年と歴史は浅く、移民が多いため、国家としてのまとまりは必ずしも十分ではない。

2015年に国王が交代し、サルマン・ビン・アブドルアジーズ・アール・サウード国王（第7代）が即位した。サルマン国王の息子であるムハンマド・ビン・サルマンが皇太子である。サルマン国王は82歳と高齢であるため、32歳と若いムハンマド皇太子が実権を握っている。その外交・安全保障政策は積極的である。

2012年に、イエメンではスンニ派であるハーディ政権が成立したが、2014年にシーア派の武装組織フーシが首都サヌアを占拠し、支配地域を拡大している。2015年に、サウジアラビアはフーシに対する軍事行動を開始した。

2016年に、サウジアラビアは、シーア派の聖職者ニムル師など47名を処刑した。テヘランのサウジアラビア大使館で抗議活動が起こり、サウジアラビアはイランと国交を断絶した。さらに、イランと関係の深いスンニ派国家であるカタールに対して、湾岸諸国と共に断交した。

戦後、米国はサウジアラビアと密接な軍事同盟を維持し、これを軸に、中東に深く関与してきた。米国は国王独裁を認める一方で、サウジアラビアは米国に対して軍事基地を提供し、また、石油価格の安定に協力してきた。トランプは、厳しくイランと対峙するサウジアラビアを全面的に支援する姿勢をみせている。

トランプ政権が全面的に支援するイスラエル

イスラエルは、シリアやレバノンのヒズボラと対立しているので、それらを支援するイランとも厳しい敵対関係にある。オバマ政権時代に、イラン制裁を解除する国際合意が成立した結果、米国とイスラエルの関係は大きく悪化した。しかし、イスラエルとの関係を重視するトランプ政権は、対イランへの強硬姿勢を取っている。さらに、米国はシリアに対する空爆を繰り返している。

万国共通のことであるが、敵の敵は味方である。米国が関係を取り持っていることもあり、中東随一の大国イランに対峙するサウジアラビアとイスラエルは急速に接近している。

2017年に、トランプ政権が、イスラエルの首都として、エルサレムを認定することを発表した。アラブ諸国は反発の姿勢を示したが、表面的なものにとどまり、中東情勢は意外に安定している。これも、アラブの盟主であるサウジアラビアとイスラエルとの関係が良好なためである。

イスラエルは、近隣諸国と政治的不安定な状態にあることから軍事衝突が多い。このため、軍需産業が発展した。イスラエルの国防軍は、国家防衛に加えて、先端技術の開発、人材養成を担う機関としての役割がある。軍人退役後は、政府機関、大手ハイテク企業への就職の他、起業も盛んである。

トランプ政権は、イスラエルを全面的に支援しており、サウジアラビアとの関係も良好である。このため、イスラエル経済の高成長は持続する可能性が高い。

地政学的に中東の重要性は薄れる

中東が、世界の株式市場にとって重要であるのは、世界最大の産油地だからである。過去、米国は、多くの兵士の命を犠牲にしても中東に軍事介入し続けた。それは、米国が世界最大の石油消費国であり、かつ最大の輸入国であったからである。

しかし、そのバランスが大きく崩れつつある。前述のように、米国は、シェール革命によって、サウジアラビアを抜き、今や世界最大の産油国になった。もはや、米国にとって、中東はかつてほどの重要性はない。

ＯＰＥＣのオイル生産の世界シェアは43パーセント（２０１７年）と、かつてに比べれば低下したものの、依然として大きな影響力を持つ。さらに、現在の減産は、非加盟国であるロシアも参加している。国際政治では厳しく対立するサウジとイラン、そしてイランと関係が深いロシアが、一致協力して、減産している。

これらの減産のおかげで、原油価格が高めに維持され、生産コストが比較的高い米国のシェールオイルの生産が拡大している。つまり、中東の小康状態が続き、ＯＰＥＣ減産が続くのであれば、米国はその恩恵を受ける。こうして、中東情勢が比較的安定していることは、結果的に米国経済や米国株にプラス要因となる。

エネルギーは、米国最大の産業の一つである。トランプ政権は、オバマ政権が環境問題を理由に認可しなかった長距離石油パイプラインの建設を認可した。さらに、環境規制の緩和方針を打ち出し、インフラ整備を進める方針である。これらは、米国内のエネルギー開発を促進するであろう。

米国にとって、中東の重要性が低下することは、米国第一主義を正当化する要因の一つになる。そして、世界の安全保障のバランスは大きく変わるかもしれない。

ただし、イスラエルと関係の深いトランプ政権が続くのであれば、イスラエルやサウジアラビアを米国が支援するため、中東の微妙なバランスは保たれるであろう。その意味では、トランプ政権による親イスラエル政策が中東を安定させているといえよう。

しかし、仮に、２０２０年の大統領選挙でトランプ政権が交代すれば、次期政権にとっ

3−1　米国、サウジ、ロシアのオイル生産量の推移

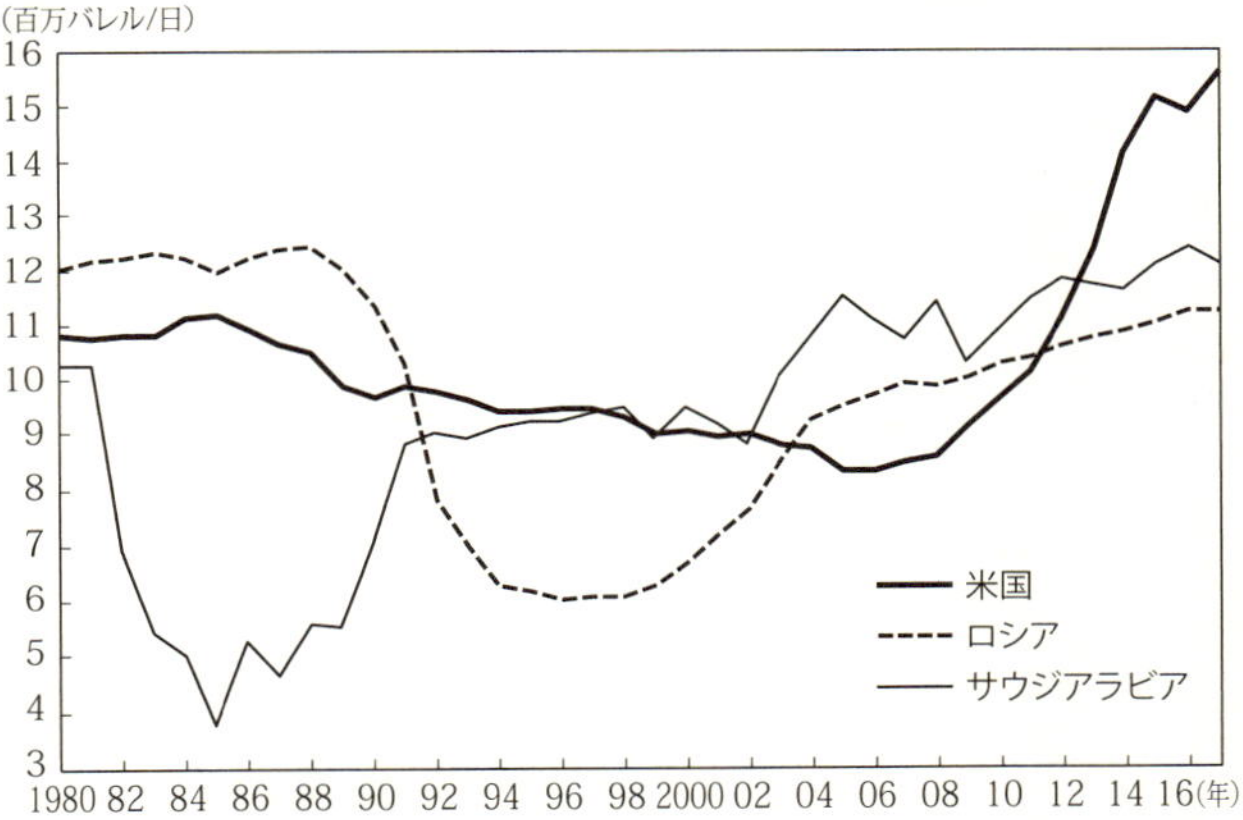

出所：EIA

て、イスラエルの重要性が低下するかもしれない。オバマ政権同様、中東への関与を減らす方針をとれば、イランの影響が過度に大きくなり、再度、中東のパワーバランスが崩れるおそれがある。

3　北朝鮮問題は今後も続く

侵略された歴史を持つ北朝鮮

２０１８年に、トランプと北朝鮮の金正恩朝鮮労働党委員長が会談した。これを出発点として、米朝首脳会談は今後も開催されることであろう。もちろん、米朝の関係

改善、そして北朝鮮の非核化を期待したいところだが、当面、北朝鮮問題が完全に解決する可能性は低いと考えられる。

一般的なイメージとして、中国、北朝鮮、ロシアは攻撃的な国にみえる。しかし、これらの国が攻撃的にみえるのは、自国を防衛するためという要素が強い。

リムランドに位置する北朝鮮は、歴史的に、ハートランドの大国でありランド・パワーである中国、ロシアの影響を大きく受けてきた。そして、もう一方の隣国は19世紀末からシー・パワーとして急速に台頭した日本である。こうした大国に囲まれた北朝鮮は、長く厳しい状況に置かれた。このため、自国防衛のために、過度な行動に出やすいとみられる。

北朝鮮は、異国から侵略し続けられた歴史を持つ。朝鮮は、隣国である中国の王朝の属国であった歴史が長い。そして、13世紀にはモンゴル、16世紀には豊臣秀吉率いる日本が侵攻し、国土が荒廃した。1910年には、日本に併合され、厳しい支配下にあった。戦後、朝鮮は南北に分断され、1950年から3年間は朝鮮戦争の戦場となった。

北朝鮮は、経済的に厳しい状況にあるため、金正恩政権が自壊する可能性はある。しかし、それを防ぐために、中国は、北朝鮮に対して経済支援を続けている。中国が北朝鮮を支援するのは、その必要性が非常に高いからである。

北朝鮮と中国は一心同体

歴史的に、中国と北朝鮮の関係はたいへん深い。中華思想を持つ中国は、古来より、アジアを広く支配してきた。北朝鮮は、永らく中国王朝の支配下、あるいは影響力下にあった。

中国の古代文明は、黄河、長江といった地域で生まれた。黄河文明が起こった黄河中流域の人は、この地域を「中原・中国」または「中華・中夏・花夏」と称した〔尾形勇、岸本美緒編著『中国史』（山川出版社、1998年6月）14、68頁参照〕。中華に対する概念は、「夷狄《いてき》」である。夷狄とは、①漢民族でない者、②普遍的な道理を知らない者、という意味がある。周辺地域の異民族を東夷、北狄、西戎、南蛮と呼び、蔑視することもあった。日本は、東夷に該当する。こうした考えは、中華思想や華夷思想と呼ばれた。つまり、中国以外は、辺境の野蛮な人たちという意味である。

習近平政権は、中華思想の政策を打ち出している。古代シルクロードの精神を受け継ぐ一帯一路は、ハートランドを東西につなぐ計画でもある。中国のシー・パワーとランド・パワーの側面を組み合わせたものともいえる〔防衛省防衛研究所「第4章　中国－政権維持に腐心する中国共産党指導部―」「東アジア戦略概観2016」（2016年3月）112頁参照）。「中華民族の偉大な復興」ともスローガンの下、東アジアの大国として、華夷秩序の再興を掲げる。国境を隣接する北朝鮮を中国が支援することは、歴史の必然とも考えられる。

紀元後、長らく、朝鮮半島北部は、高句麗、渤海など満州や沿海州と同じ国であった。平壌《ピョンヤン》は、高句麗の都であり、あるいは中国による朝鮮半島北部の支配拠点であった。新羅、高麗が朝鮮半島の大半を支配した時代であっても、北部は渤海、契丹（遼）などが支配していた。要は、北朝鮮は長く中国の一部と同じ国であったのである。

紀元前後に朝鮮北部に高句麗ができて、朝鮮半島の統一国家が誕生するまでに約1400年もかかった。南北朝鮮が統一されていたのは、1356年（元から独立後の高麗）から日本に併合される1910年までの554年間に過ぎない。このように、北朝鮮は、韓国と統一されていた時期よりも、中国に属する国の一部であった時期が長かったのである。

1910年に、日本による朝鮮半島の統治が始まり、1945年まで続いた。第二次世界大戦後に、北緯38度以北をソ連が占領し、1948年に北朝鮮政府が樹立された。北朝鮮では、ソ連の支援により、金日成が首相に就任し、南では大韓民国が成立した。1950年に、朝鮮統一を目的に北朝鮮が韓国に侵攻し、朝鮮戦争が始まった（1953年に休戦協定締結）。

このように、南北分断と、北朝鮮・中国の同盟体制は、長い歴史を持つ。よって、歴史的にみれば、現状が長続きすることはむしろ自然でもある。

中国の国益のためにも金正恩体制の維持が必要

中国は、北朝鮮を現体制のまま維持することが国益にとって最善であるため、金政権を全面的に支援している。衛星国を支配下、あるいは影響下におくことは、自国の安全保障のために有効である。

かつて、ロシアは、元（モンゴル）、フランスのナポレオン、ドイツのヒトラーに占領された。第二次世界大戦では、国内が戦場になり、２、０００万人前後が死亡したといわれている。戦後、ソ連は自国防衛のためにクラッシュ・ゾーンである東欧をワルシャワ条約機構に組み込み、衛星国を持つことによって自国の安全保障を図った。

中国も異民族から侵略され続けた歴史を持つ。歴史的に、中国では、北方諸民族と漢民族が、勢力を競い合ってきた。農耕民族である漢民族に対し、遊牧民族が機動力のある騎馬軍団を率いて、環境の厳しい草原から、経済的に豊かな中国王朝を度々攻撃した。

3−2　中国王朝の歴史（紀元後、太字はウラル・アルタイ語族）

王朝	支配民族	時期
秦	漢民族	紀元前221年〜紀元前206年
漢	漢民族	紀元前206年〜紀元後220年
魏・呉・蜀（三国）	漢民族	220年〜280年
晋	漢民族	280年〜420年
隋	**鮮卑**	**589年〜618年**
唐	**鮮卑**	**618年〜907年**
宋	漢民族	960年〜1279年
元	**蒙古**	**1279年〜1368年**
明	漢民族	1368年〜1644年
清	**女真（満州）**	**1644年〜1912年**

注：五胡十六国・南北朝、五代十国時代除く。非漢民族太字。
出所：筆者作成

秦から清の時代まで、中国王朝は約２１００年続くが、そのうち漢民族が支配したのは、秦以降、明までのなかの、合計約１２００年であり、北方民族に支配された時期は約７００年である（五胡十六国・南北朝、五代十国時代除く）。なお、隋・唐は鮮卑（モンゴル系もしくはトルコ系北部の遊牧騎馬民族）、元は蒙古（モンゴル人）、清は満州民族が支配した。そして、20世紀前半には日本の侵略を受けた。

トルコ、モンゴル、満州、朝鮮、日本は、いずれもウラル・アルタイ語族に属する。「私は・佐藤・です」という語順はウラル・アルタイ語族であり、「私は・です・佐藤」という語順は漢族である。つまり、豊かで高度な文明を持つ漢民族を、北方のウラル・アルタイ語族が侵略したのである。ただし、巨大な国家を統治する能力を持たない遊牧民族が、農耕民族である漢民族を長く支配することは容易でない。いずれも漢族による反乱が発生して、異民族王朝は滅亡した。

19世紀以降、東アジアに対する西欧列強の植民地化が進展していく。20世紀に入って、中国を侵略したのは日本である。1914年に山東省に出兵し、1915年には21ヵ条の要求を突き付けた。1931年に日本は満州を占領し(満州事変)、翌年に満州国を建国した。1937年に、日中戦争が始まり、北京、上海、南京などの主要拠点を占領された。日本による侵略と対日抗戦で中国は疲弊した。

戦後、中国は、モンゴル、北朝鮮、北ベトナムなどの衛星国をその影響下に置いた。つまり、ソ連同様、衛星国を支配することによって、自国の安全保障を図ったのである。特に、国境が首都北京から約1000キロメートルしか離れていない北朝鮮は、中国にとってもっとも重要である。

朝鮮半島の統一は中国の安全保障問題

仮に、北朝鮮が内部から崩壊すれば、経済力や人口を考えると、韓国主導で、朝鮮半島が統一される可能性が高い。たとえば、1990年のドイツ統一では、事実上、西ドイツが東ドイツを吸収合併した。このため、ワルシャワ条約機構の一員だった東ドイツは、北大西洋条約機構に加盟するドイツに組み込まれた。その結果、ロシアの同盟国だった東ドイツは、米国の同盟国になってしまった。

同様に、韓国主導で朝鮮半島が統一されると、米韓安全保障条約に基づいて、米国が中国国境に近い北朝鮮に軍事基地を建設することがあり得る。それは、首都北京から約1000キロメートルの場所に、米国の核ミサイルが設置されるかもしれないということである。よって、安全保障上の理由から、中国は北朝鮮を支援する必要がある。つまり、金政権が続くことが中国の利益にかなうのである。中国が北朝鮮に経済制裁を科すとしても、金政権を崩壊させない範囲で実施するしかない。

これらを総合すると、北朝鮮が、日本や韓国と関係改善することは、中国の安全保障上の大きなリスクになる。トランプ政権は中国に圧力を加えて、北朝鮮の行動を抑制しようとしている。中国にとっても、隣国北朝鮮の核開発は、自国の安全保障上の脅威となり得るので、行動に一定の歯止めをかけようとするだろう。一方、北朝鮮も、経済的に支援している中国との関係を決定的に悪化させることはあるまい。

北朝鮮は、先制攻撃、つまり自国防衛のため以外に核兵器を使うことはないだろう。北朝鮮が韓国や日本を攻撃すれば、米国の猛反撃を受け、イラクと同じ運命をたどる可能性があるからである。

北朝鮮の核・ミサイル技術のレベルは高い

北朝鮮が、米国との唯一最大の交渉道具である核兵器を直ちに放棄する可能性は低いと思われる。北朝鮮について、最大の謎は、世界では最貧国に位置付けられながら、多額の資金と高い技術力を必要とするミサイルや核兵器をどうやって開発できたのかという点である。

北朝鮮のミサイルと核開発の技術水準はたいへん高い。世界初の軍事用弾道ミサイルは、第二次世界大戦中に、ドイツが開発したＶ２ロケットである。ヒトラーはこれでロンドンを爆撃した。戦後、ソ連がドイツのロケット技術者を連行し、それ以降、ミサイル開発が始まった。１９６１年に、ソ連のガガーリンは世界初の有人宇宙飛行を成功させるなど、当時、その技術力は米国をしのぐものであった。

このロケット技術が、北朝鮮が使う短距離弾道ミサイルの原型である。さらに、旧ソ連時代から軍事産業が発達したウクライナは、2010年代に入って内戦状態にある。混乱に乗じて、ウクライナのミサイル技術が北朝鮮に提供されたといわれている。

核開発の技術も、ソ連から供与された。1956年に、北朝鮮はソ連と原子力開発協定を結び、原子力発電の開発を始めた。これが、ウラン濃縮技術を可能とし、核兵器に転用された。さらに、1990年代のソ連崩壊、ロシア危機などの混乱期に、北朝鮮がソ連の核技術を導入したといわれている。その後も、北朝鮮は核兵器の開発を続け、1993年には、核拡散防止条約（NPT）脱退を表明した。

しかも、北朝鮮はロシアと国境を接している。ロシアにとって、安全保障上、太平洋艦隊の基地であるウラジオストクは重要な拠点なので、隣接する北朝鮮が米国の影響下に置かれることは避けたいところである。また、ロシアが北朝鮮を適度に支援すれば、米国の戦力を中東とアジアに二分させることができるため、戦略上、効果が高い。

核兵器が威力を持つためには、①宇宙を飛ぶことができる弾道ミサイルを開発する、②ミサイルで運搬できるように核弾頭を小型・軽量化する、③核弾頭が大気圏突入に耐えて、かつ目標地で爆発させる技術を開発する、ことを同時に実現する必要がある。すでに、北朝鮮は、ミサイル発射を繰り返して、米国本土はともかく、韓国や日本を攻撃するミサイルは保有している。そこで、北朝鮮は②と③の技術開発が必要となる。核弾頭を小型・軽量化するためには、地下核実験を繰り返し、性能を高めることが必要である。そこで、2006年に、北朝鮮は1回目の核実験を実施し、2017年まで6回の実験を行った。現時点で、ミサイルで米国まで運搬することはできないにしても、航空機など通常の運搬手段で核兵器を韓国や日本に運び込む技術は持っていると推測できる。

米国が北朝鮮に与えた歴史の教訓

交渉において、北朝鮮が強い姿勢に出るのは、歴史の教訓によるものである。1994年の米国クリントン政権時代にジミー・カーター元大統領が訪朝し、核査察強化の合意ができた。その結果、米国が軽水炉と重油を北朝鮮に提供することになった。ところが、米国が重油を提供したものの、核査察の強化は、最終的に実施されなかった。

また、金大中政権は、開城工業団地、金剛山観光事業などを中心とする「太陽政策」を実施した。北朝鮮に恩恵を与えたものの、北朝鮮は核実験を実施し、懐柔策は失敗に終わった。つまり、過去の対北朝鮮への関係改善策はすべて失敗に終わったのである。

これにより、北朝鮮としては、「脅せば敵は便宜を供与する」という教訓を得た。言い換えれば、「強く出れば相手は譲歩する」という教訓を与えたのは米国なのである。さらに、核兵器を持たなかったイラクのフセイン、リビアのカダフィが殺害されたというのも、北朝鮮にとって重要な教訓である。

そして北朝鮮は、①核弾頭とミサイルを開発する、②それを背景に強硬姿勢に出る、ことが金政権維持に有効であるという教訓を学んだ。以上を総合すると、直ちに、北朝鮮の非核化について根本的な問題が解決される可能性は高くないといわざるを得ない。

米国では、2020年に大統領選挙が実施される。それまでに、北朝鮮問題が解決すれば、トランプの評価は大いに高まるだろう。ところが、目立った進展がない場合、トランプは、他の政策で国民の支持を得る必要がある。

その場合は、米国第一主義を反映した貿易政策を実行することになるであろう。米国は、北朝鮮の後ろ盾である中国に対して、巨額の対米貿易赤字を減らすべく、厳しい圧力をかけることが考えられる。それは、自動車の輸入関税に代表されるように、日本にも大きな影響を与える恐れがある。

トランプ大統領が再選する可能性

歴史的に、米国第一主義が米国の外交安全保障のDNAであるとしても、他の政権と比較して、トランプ政権の政策はその色彩が特に強い。たとえば、2018年のカナダにおけるG7サミットでは、トランプは、北朝鮮との会談を優先して、共同宣言に加わらなかった。

米国は、第一次世界大戦後、自ら提案した国際連盟の成立に際して加盟しなかった。同様に、欧州が主体の先進国首脳会談に加わらなくても、何ら不思議はない。米国にとっては、多国間交渉よりも1対1での交渉の方が有利になる。トランプは国益を考えて、当然の行動をとったのである。

前述のように、トランプ政権の誕生は歴史の必然であり、かつ、米国民の選択でもある。日本では、トランプ政権に対する支持率の低さを指摘する識者がいるが、すでに述べたとおり、世論調査結果と選挙結果が比例しないのは、2016年の大統領選挙で大本命とされたクリントンを、トランプが大差で破ったことからも明らかである。

日本では、「2020年の次期大統領選挙でトランプが再選される可能性が高まっている」というと、「トランプが再選されるわけがない」と否定的な見解を示す人が多い。次期大統領選挙でトランプが敗れるということは、民主党の大統領候補が現職大統領を破るということを意味する。しかし、それでは、「2020年の大統領選挙で、だれが勝つのか」と尋ねると、それに対して適切な答えを持っている人はほとんどいない。

これが、現在の米国の政治状況を的確に示している。強力な民主党の大統領候補が出現すれば、トランプの敗北はありえよう。しかし2020年には、前回、民主党大統領候補の指名を争ったクリントンは73歳、サンダースは79歳になる。よって、この二人が選挙戦に出る可能性は低い。2年後に大統領選挙を控えるなかで、有力な民主党の大統領候補は存在しない。

そのため、トランプが再選され、政権が8年間続くことは十分にあり得る。トランプは、再選を目指すためにも、コアな支持層に焦点を当てて、米国第一主義政策を強化することが考えられる。仮に、トランプが再選されるのであれば、貿易政策を中心に米国第一主義が世界の地政学リスクを高めることであろう。

第4章　米国「双子の赤字」とバブル崩壊の歴史

1　トランプ政権の経済政策が株高を生んだ

米国の株高は加速した

およそ10年に一度バブルがやってくるが、歴史的に、バブル発生の原因は、いずれも政策の失敗であった。過度な財政拡大や金融緩和の結果、景気が過熱してバブルを生み、それがやがて崩壊するのである。今回も、経済政策の失敗に起因するバブル崩壊が発生する可能性がある。そこで、本章では、トランプ政権が金融市場に与える影響について分析する。

一般には、人気がさほど高くないトランプ政権だが、株式市場ではその政策が好感視されることが多い。2016年の大統領選挙後には、米国株、ドルとも大きく上昇した。その後、ドル高は修正されたが、株高は続いている。

トランプ政権の経済政策は、以下の理由から、株価にとってプラスである。

1、史上最大規模の減税

2017年に、法人税と個人所得税の歴史的な大幅減税を決定した。税制改革で約165兆円規模（10年間、対GDP比8パーセント）の減税が見込まれる。法人関連で、法人税率は、現行35パーセントから21パーセントにまで引き下げられた。また、米国企業の海外子会社からの配当に対して減税した（現金・現金同等物は15・5パーセント、それ以外は8パーセント）。個人については、所得税率の引き下げ（最高税率の39・6パーセントの場合37パーセント）、標準控除額の増額などが盛り込まれた。

2、金融緩和の継続

FRB議長ジェローム・パウエルはウォール街の投資会社の経営経験を持つ実務派でもある。他の主要メンバーも評価が高い。副議長はランダル・クオールズ（銀行監督担当）、ニューヨーク連銀総裁はジョン・ウィリアムズ元サンフランシスコ連銀総裁である。また、債券運用大手PIMCO幹部のリチャード・クラリダが副議長に指名された。

3、エネルギー政策の大転換

環境保護局長官に地球温暖化対策反対派を起用し、大胆な規制緩和を実施している。そのなかでもっとも効果が大きいものが長距離石油パイプラインの解禁である。シェール革命によって、米国は世界最大の産油国になっており、輸送網の充実は、生産拡大に大いに寄与することだろう。

その他、金融規制の緩和なども実施されよう。FRBの改正案は、金融機関の規模に応じて、自己勘定取引の制限を緩和する内容である。大手金融機関には影響はあまりないものの、中堅以下を中心に、銀行貸出の増加などが期待される。

ハイテク株には特にプラス

米国のIT企業は世界のAI革命のリーダーであり、トランプ勝利後も、IT企業の株価は大きく上がっている。海外子会社からの配当に対する減税の恩恵が大きいのが、アップルなどの海外に巨額の資金をため込んでいるIT企業である。その結果、アマゾン、アップル、マイクロソフトなど巨大IT企業の株価が大きく上昇した。これらを中核とするナスダック総合指数は最高値を更新した。

高技能移民の受け入れ抑制など、ハイテク企業にとって、ネガティブな政策が実行されるのではないかという懸念がある。しかし、グローバルなハイテク企業にとって、開発者

4－1　2016年大統領選挙後から2018年5月末までの世界時価総額増加額上位10社

	銘柄	国	セクター	時価総額（兆円）	増加額（兆円）	株価上昇率
1	アマゾン・ドット・コム	米国	一般消費財・サービス	87.0	46.0	107.6%
2	アップル	米国	IT	101.0	36.3	69.3%
3	マイクロソフト	米国	IT	83.5	31.9	63.6%
4	アリババ・グループ・ホールディング	中国	IT	55.8	28.5	99.3%
5	テンセント・ホールディングス	中国	IT	53.2	25.8	95.5%
6	アルファベット	米国	IT	83.4	23.4	37.2%
7	フェイスブック	米国	IT	61.1	22.3	57.0%
8	バンク・オブ・アメリカ	米国	金融	32.4	13.5	70.7%
9	ボーイング	米国	資本財・サービス	22.6	12.9	146.2%
10	エヌビディア	米国	IT	16.8	12.6	253.9%

注：1ドル110円で換算。
出所：ブルームバーグ

が米国にいなくても大きな問題はない。実際に、シリコンバレーの企業がイスラエルやインドの企業と密接に開発を進めている例は多い。

政治的な影響も少ない。トランプと距離があると言われるジェフ・ベゾフがCEOを務めるアマゾンだが、2016年の選挙後からの時価総額増加額はもっとも大きい。今後も、時価総額構成比が大きい金融、エネルギー、ITを中心に、米国株が世界の株価上昇を牽引するであろう。

アップルのケーススタディ

トランプ減税の恩恵をもっとも大き

く受ける企業が、世界最大の時価総額を持つアップルである。アップルの純利益は、2015年9月期の5・9兆円をピークとし、利益成長に、以前ほどの勢いはみられない。しかし、株価上昇率は加速している。

アップルは、過剰な現金により、アクティビストの対象となった。手元流動性は30兆円（海外28兆円、2017年9月期）である。2013年に、グリーンライト・キャピタルは、アップルが海外に多額の現金を保有していることを指摘した。2012年に、17年ぶりに配当を再開したアップルは、その後大幅に増配した。2013年に6・6兆円を上限とする自社株買いを発表した（2018年3月時点で、合計22兆円の自社株買い）。

アップルの2017年9月期の実効税率は25パーセントであるが、海外分の実効税率は4パーセントにすぎない。アップルは、アイルランド政府の税制優遇措置を受け、同国における法人税率が著しく低い。日本を含む米国外の利益をアイルランドに集中させ、節税をしているためである。

2013年の米国議会調査レポートによると、アップルは、おもに、アイルランド子会社3社の活用により、実効税率引き下げに成功している〔Permanent Subcommitee on Investigations, “Offshore Profit Shifting and the U.S. Tax Code - Part 2 (Apple Inc.)”, May 21, 2013〕。いわゆる、ダブル・ア

イリッシュ・ウィズ・ア・ダッチ・サンドイッチ（ＤＩＤＳ）と呼ばれるスキームである。ＤＩＤＳは、１９８０年代後半にアップルが開発したもので、法人税に関して多くの恩典のある国の法人を利用する〔太田洋「多国籍企業のタックス・プランニングとＯＥＣＤのＢＥＰＳ（課税ベースの浸食と利益移転）への対応」（日本機械輸出組合「国際税務関連情報」セミナー、２０１３年7月9日）〕。

トランプ減税前は、海外の蓄積された利益を米国に配当で還元すると、その時点で、世界で最高の法人税率35パーセント前後の対象になっていた。つまり、せっかくアイルランドで節税しても、米国に還流させると、二重課税になるのである。これが、アップルが現金を余剰に持つ理由である。ただし、こうした節税政策は、大きく変更せざるを得ない状況にある。ＥＵは、２０１６年にアイルランドによるアップルの税優遇を違法と判断し、１３０億ユーロ（１・7兆円）の追加課税を命じた〔European Commission, "State aid: Ireland gave illegal tax benefits to Apple worth up to €13 billion", August 30, 2016〕。２０１８年には、アップルに対し、アイルランド政府が１・7兆円の追加課税を開始している〔An Roinn Airgeadais Department of Finance, "Minister Donohoe announces intention to sign and execute Escrow Framework Deed with Apple giving legal effect to recovery of alleged State aid", April 24, 2018〕。

ウォーレン・バフェットは、アップルの配当成長の可能性を高く評価していると思われる。バフェット率いるバークシャー・ハサウェー（以下、バークシャー）は、2016年より、アップルに対する投資を開始した。現在、バークシャーの最大の投資先になっている。

米国IT業界はユダヤ系をルーツに持つ企業が多い

トランプの親イスラエル、親ユダヤ政策も、株価にはプラス要因である。米国の大手IT企業の創業者やCEOはユダヤ系が多い。たとえば、アップルの創業者スティーブ・ジョブズ、アルファベットのラリー・ペイジCEO、セルゲイ・ブリン社長、マイクロソフトの創業者ビル・ゲイツ、フェイスブックの創業者兼CEOマーク・ザッカーバーグ、オラクルの創業者ラリー・エリソンなどである。

イスラエルに研究開発などの拠点を置く多国籍企業は300社以上であり、米国IT大手による買収やアクセラレータ・プログラムが活発である。イスラエルが米国の支援により、サウジアラビアと関係を強化していることは、イスラエルの安全保障に大きく貢献する。これは、米国大手IT企業にとって、恩恵が大きい。

イスラエルは、軍事技術を応用し、サイバー技術において世界でも最高水準である。イスラエル生まれの技術として、フラッシュ・メモリー、インスタント・メッセージ（ライン、メッセンジャーなど）、カプセル型内視鏡、USBメモリーなどが挙げられる。後述のように、インテルのマイクロプロセッサ（MPU、超小型演算処理装置）の多くは、イスラエルで開発された。アルファベットのイスラエル研究開発拠点は、グーグル・サジェスト（検索技術）を開発した。

伝統的にユダヤ人は民主党支持者が多いが、共和党に対してもバランスよく支持している。フォーブス誌のビリオネア上位100人のうち、2016年の選挙の最大の政治献金者は、ラスベガス・サンズ（カジノ経営）のシェルドン・アデルソンCEOである（全体では2位）〔Ashley Balcerzak, "Richest billionaires are also top political spenders", OpenSecrets.org, March 31, 2017〕。共和党に、約90億円を献金した。他にも、ジョージ・ソロス（ソロスヘッジファンド）、チャールズ・コーク（コーク・インダストリーズ）、ラリー・エリソン（オラクル）などが上位に入る。

インテルのケーススタディ

インテルは、創業者のアンドリュー・グローブがユダヤ人であり、ユダヤ系企業のイスラエル進出の代表例である。1974年に、インテルはイスラエルのハイファに拠点を開設した。インテルの研究者で、書き込み・消去可能な半導体メモリ（EPROM）を開発したダブ・フロマンがイスラエルに帰国し、研究開発に寄与した。インテルは、PC向けMPUの市場シェア世界1位である。そのMPUはハイファで開発された。

2017年に、インテルが自動運転技術のモービルアイを買収した（約1・7兆円）。イスラエルのハイテク企業買収で最大の案件である。モービルアイは、1999年にイスラエルで設立され、先進運転支援システム（ADAS）で利用されるカメラのサプライヤーである。モービルアイの製品は、あらゆる自動車に後付け可能な衝突防止補助システムで、BMW、ボルボ、ゼネラルモーターズなどをはじめとする数多くの自動車メーカーの車に採用されている〔モービルアイ製品の日本国内マスターディストリビューターである、ジャパン・トゥエンティワンのウェブサイト参照〕。

インテルは、BMWとの提携やモービルアイの買収により、半自動運転車や完全自動運転車のためのプラットフォームを構築している。自動車、テクノロジー、コンピュータ・ビジョン、機械学習の専門知識を組み合わせることで、2021年の量産、実用化を目指す。

インテルは、ＰＣ中心からデータ中心の会社に移行しており、特に、自動運転、５Ｇ、ＡＩなどに注力していく。ＰＣ向けの半導体メーカーから、自動運転向けなどの技術開発に重点をシフトしつつある。それに伴い、株価も上昇している。

円安ドル高になりにくい理由

トランプ政権において、もう一つの注目点が、為替政策である。一般に、為替相場の専門家が、「米国の金利が上昇するので、ドル高になる」と予想することが多い。しかし、実際には、米国の金利上昇にもかかわらず、円ドル相場は１１０円前後を挟んだ展開である。

ＦＲＢが利上げすると、ドル高になるような気がする。しかし、ＦＲＢの利上げとドル相場は、それほど強い関係がない。

ＦＲＢが利上げを始めたのが２０１５年12月であるが、利上げ前のフェデラルファンド金利（ＦＦ金利）誘導目標は０・００～０・25パーセントであった。ＦＲＢは、２０１８年６月までに、計７度利上げをした。しかし、円ドル相場は２０１５年11月末時点で１ドル１２３円から今年５月末時点で１０９円に上昇した。つまり、米国の利上げと日本の利下げにもかかわらず、円高ドル安になっているのである。

2017年に、ドルの実効為替相場は、2002年と並ぶ史上最高水準を記録した。2014年から2016年に、利上げを見込んで、ドル高が進行したためである。現在の金利水準は、市場の想定通り、あるいはそれ以下であって、織り込み済みである。

トランプは「ドル高は米国産業の国際競争力を低下させるので好ましくない」と明言している。一方で、ムニューシン財務長官は「長期的にドル高が好ましい」と繰り返し述べて、ドル安になることを牽制している。こうして、両者の発言をバランスして、為替相場の安定を図っている。ただし、米国の経常赤字増、日本の経常黒字増、国際情勢の不安定化と、円高圧力が高まっている。潜在的に、ドル安のリスクがあることに留意したい。

2　米国「双子の赤字」は増加を続ける

「双子の赤字」の出発点は大型減税

バブルのピークの前には、相場が乱高下することがある。今回も、上昇相場が長く続い

4－2　ドルの名目実効為替相場の推移（ナローベース）

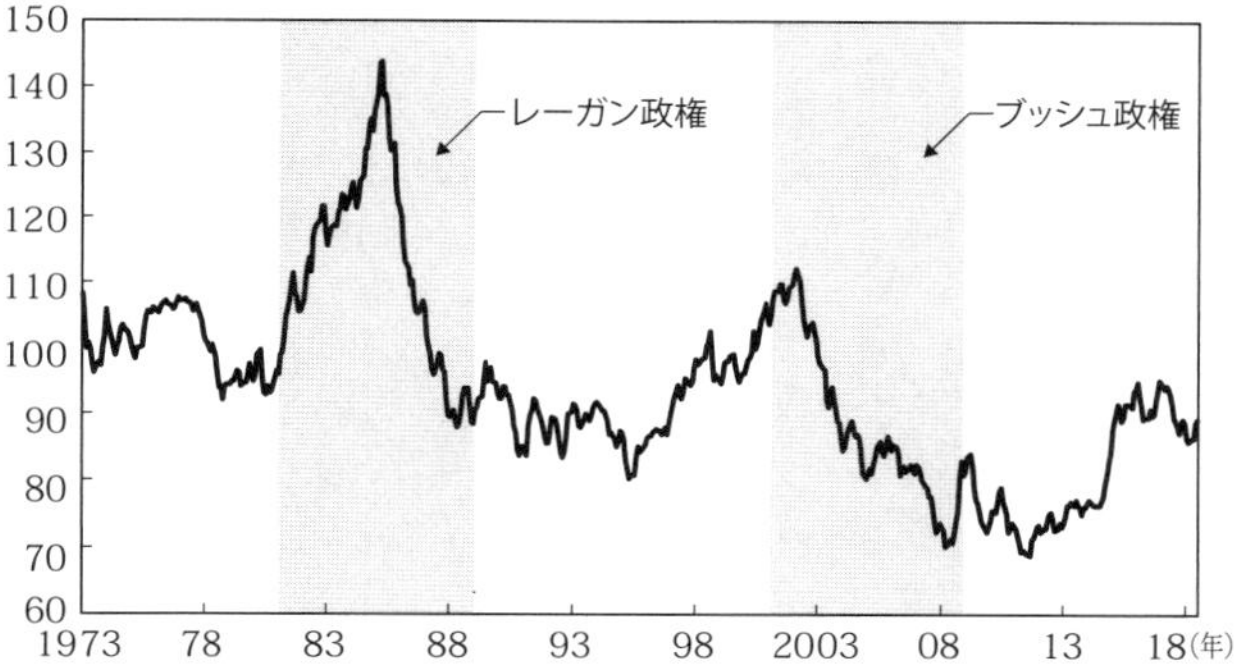

出所：FRB

ためため、リスク要因に敏感になる時期でもある。２０１８年に入って、北朝鮮情勢、イタリア国債の急落などによって世界の株式相場が乱高下しているが、これらは長期上昇相場の成熟局面によくみられる現象である。トルコ、ブラジルなど新興国通貨の急落なども、同様の現象である。

株価分析にはマクロ要因とミクロ要因がある。マクロ要因とは、経済成長率、インフレ率、金利など経済全般に関わるようなものを指す。ミクロ要因とは、企業業績、技術革新など個別の企業や産業に関わるものである。

現在、明らかに前者についてはリスクが高まりつつある。その要因は数多くあるが、もっとも注意が必要であるのが米国の「双子の赤字」である。「双子の赤字」とは、経常収支と財政収支の赤字が同時に膨張することを指す。出発点は、大型の減税である。「小さな政府を目指す」ということは、富裕層や大企業を減税し、さらに、低所得者に対する財政支援を少なくすることを意味する。このため、共和党大統領が生まれると大型減税を実施することが多い。

大型の減税を実施したのが、レーガン政権（1981〜1989年）、ブッシュ政権（2001〜2009年）、そして現在のトランプ政権（2017年〜）である。そして、レーガン政権ではプラザ合意によるドル急落、ブラックマンデー（世界的な株価急落）、ブッシュ政権ではリーマン・ショック（ドル安、株安）が発生し、世界の金融市場は大混乱した。

共和党政権で「双子の赤字」が拡大する

歴史的に、共和党政権では「双子の赤字」が拡大し、クリントン政権やオバマ政権など民主党政権では「双子の赤字」が縮小している。もちろん、景気のサイクルなどの偶然も重なっているが、民主党政権では増税（あるいは減税の取りやめ）が実施される傾向にある。

米国の政治には、リベラルと保守という概念がある。一般には、民主党がリベラルであり、共和党が保守といわれる。このように、政治に対する基本哲学には大きな相違があるが、最近、両者の相違が際立ってきた。政権交代によって、米国の国家戦略は右から左に大きく変化することがある。

大恐慌後、ルーズベルト大統領に代表される民主党の改革派をリベラルと呼び、社会の再配分を重視し、大きな政府を志向していた。民主党は、１９６０年代に、公民権運動、ベトナム反戦運動、女性解放運動、環境保護運動といった活動家、インテリ層が流入し、リベラル派が台頭するようになった〔梅田久枝「アメリカ民主党再生戦略をめぐって」（レファレンス、２００５年３月号）〕。低所得者に対して所得再配分を行うのは、典型的な民主党の政策である。たとえば、バラク・オバマ政権では、国民皆保険を目指すオバマケアを導入した。

それに対し、保守とは、小さな政府を志向する考えである。共和党は、大企業、富裕層を支持基盤として、自由経済主義、小さな政府、最小限の政府介入を信条とする。元々、共和党は右寄りであるが、さらに右傾化しつつある。特に、強い保守主義を掲げるティーパーティの台頭の影響が大きい。リーマン・ショック後の景気低迷のなか、オバマ政権の経済政策（特に巨大な財政支出）、医療保険制度改革に対する不満から、２００９年に台頭してきた〔藤本一美、末次俊之「ティーパーティー運動（上）――アメリカ政治の新方向？」（専修法学論集、２０１１年７月）〕。

ティーパーティ運動の支持層は、白人中高年であり、比較的収入は高い。教育レベルも高く、37パーセントが大卒である〔Brian Montopoli, "Tea Party Supporters: Who They Are and What They Believe", *CBS News*, December 14, 2012〕。また、多くの熱心なキリスト教信者がティーパーティを支持する点も特徴的である。中絶反対、同性愛・同性結婚反対、銃保有規制反対などもキリスト教原理主義者の主張である。銃保有者はティーパーティ支持者の58パーセントにも上る。

米国の大統領権限は弱い

米国の大統領と議会の権限は、日本の総理大臣と国会の権限と大きく異なる。日本では、「米国の大統領の権限は強い」といわれることが多いが、実態はまったく逆である。大統領の権限は意外に弱い。「双子の赤字」の詳細を分析する前に、米国の予算制度を説明する。

米国では、議会の権限がたいへん強い。大統領は、議会に法案を提出する権利もなければ、予算案を提出する権利もない。すべての立法権は連邦議会に属し、税金の徴収、戦争の宣言、金銭の借入などは、議会の権限である。上院・下院も、あらゆる事項に関する法案を発議できるが、歳入法案は下院が発議する。

しかし、米国では、すべての法案は議員立法であり、大統領府や官僚が法案をつくることはできない。大統領は、教書や演説によって、自分の方針を示し、それを反映した法案をつくるように呼びかけることはできる。しかし、法案の作成も、成立も、基本的には権限はない。

ただし、大統領は、議会で可決された法案に対して、拒否権を発動できる。それに対して、大統領が法案に拒否権を行使した場合、議会が３分の２以上の賛成によって法案を成立させることができる。

日本では、法案の提出権は、内閣と国会議員の両方が持つ。政府と議員が国会に法案を提出することができるが、実際に成立するのは約８割が政府提案である。つまり、多くの場合、法律は官僚がつくる。日本では、政府予算案の提出権は内閣のみが持ち、国会にはその権限はない（予算措置を伴う議員立法は可能）。

小さな政府を目指す共和党政権で大きな政府になる

政治的な意思を具現化するのにもっとも重要な手段は、予算である。米国の予算編成は、議会が主導権を握る。予算案を含めた立法権は議会に属しており、大統領が議会に法案を提出する権限はない。つまり、大統領は、大減税を実行したくても、そのリーダーシップや国民的な人気を背景に議会を説得する必要がある。

毎年2月に公表される大統領の予算教書は、一般教書（外交・内政方針）、大統領経済報告（経済情勢の判断）と並んで、3大教書と呼ばれる。大統領は予算教書によって基本方針を示すことができるが、予算教書は、議会に対する大統領の提案であって、参考資料という位置付けにすぎない。

予算の提案、議決権は、議会にあり、大統領の予算教書に議会は拘束されない。ただし、議会は、予算教書の内容に問題がない場合は、修正なしに受け入れることが多い。

予算案については、予算そのものが1つの法案として審議されるのではなく、議会が個別に複数の歳出法、歳入法、税法等を作成し、審議・議決する。そして、大統領の署名により、年度開始（10月1日）前までに、歳出法案が法律として成立する。

議会の予算編成をサポートするのが、議会予算局（CBO）であり、経済予測、財政見通し等を作成する。財政の将来見通しは、現在の政策を前提とし、ベースラインと呼ばれる。一方、予算教書の財政見通しは、大統領府の行政管理予算局（OMB）が作成する。

大規模な減税は民主党も反対しないが、歳出削減には民主党が強く反対することが多い。

このため、減税だけは、野党民主党も賛成し、歳出削減は、大統領が妥協して、民主党案を反映することがある。さらに、共和党政権は、対外強硬策を打ち出し、防衛費を増大させることが多い。その結果、小さな政府を目指す共和党政権で、大きな政府になりやすい。以下、共和党３政権の「双子の赤字」の歴史を振り返る。

プラザ合意を生んだレーガン政権

１９８０年代後半の日本のバブル発生のきっかけは、レーガン政権による「双子の赤字」でもある。１９７９年には、イラン革命、イランの米国大使館人質事件、ソ連のアフガニスタン侵攻などが発生し、米国対ソ連の東西冷戦は激化した。そこに登場したのが、映画俳優出身でカリフォルニア州知事をつとめていたロナルド・レーガンであった。

レーガン政権は「強い米国」を打ち出し、防衛費を増強した。レーガン大統領の退任後、１９８９年のベルリンの壁崩壊、１９９０年の東西ドイツ統一、１９９１年のソ連崩壊と続き、冷戦は終結した。今では、冷戦を実質的に終結させた大統領として評価が高い。

レーガンは、「レーガノミクス」と呼ばれる経済政策を推進した。①財政支出の大幅削減、②多年度にわたる大幅減税、③政府規制の緩和、④安定的な金融政策、という４本柱からなる〔経済企画庁「第2章 世界的な貿易収支不均衡―その原因と影響―」「昭和62年 年次世界経済白書―政策協調と活力ある国際分業を目指して」〕。税率の引き下げは、脱税や節税の誘因を低下させ、労働供給の増加や税収増加が見込まれるという考えに基づいて行われた（ラッファー・カーブ）〔小峰隆夫編「バブル／デフレ期の日本経済と経済政策」第1巻『日本経済の記録―第2次石油危機への対応からバブル崩壊まで―』（内閣府経済社会総合研究所、2011年）41頁参照〕。

これは、サプライサイド経済とも呼ばれる。ところが、「減税したら、景気が良くなるので税収が増える」という考え方は当時から疑問が投げかけられ、「ブードゥー経済学」（呪術経済学）と批判を受けていた。そして、その批判通りの結果となった。

大型減税の実施と防衛費の増大によって、財政赤字が急増した（対GDP比5・9パーセント、1983年）。大減税に刺激されて、米国の経済成長率は1984年に7・3パーセントまで高まった。好景気とドル高の結果、輸入が急増し、経常赤字が拡大した（同3・3パーセント、1987年）。1980年代前半は、自動車を中心に日米貿易摩擦が激化した。

米国の経常赤字増を是正するために、1985年のプラザ合意でドル安誘導が実施された。最初は、主要先進国が協調して、極端なドル高の修正を図ったのだが、ドルは急落した。そして、「双子の赤字」の拡大は収まらず、ドル円相場は１９８５年の２６３円から１９８７年には１２１円まで急落した。

世界的な株安を生んだブラックマンデー

世界的な金融市場の歪みは、為替市場にとどまらず、株式相場に伝播した。米国発の株安であるブラックマンデーが起こり、それが引き金となって世界的に株価が急落した。１９８７年10月19日に、米国株は21パーセント下落した。翌日の日本株も大きく下落したが、その時の下落率15パーセントは１日の下落率としては最大である。

当時、グリーンスパンがＦＲＢ議長に就任したばかりであった。フォード政権下で、大統領経済諮問委員会の委員長を務めた経験があるものの、この時点ではその手腕については、未知数であった。また、前任者であるポール・ボルカーの評価が高かったため、それと比較してその手腕を疑問視するものも少なくなかった。

しかし、就任2ヵ月後であるにもかかわらず、グリーンスパンは躊躇することなく市場にマネーを大量に供給し、政策金利の誘導目標を引き下げた。これで、市場は安心感を取り戻し、株式相場は落ち着いた。

米国金利が大幅に上昇していたにもかかわらず、米国株は、1987年初めから同年8月のピークまで39パーセント上昇していた。結果として、株価が割高であった。つまり、ブラックマンデーはその反動という側面が大きい。ブラックマンデーがあったものの、S&P500は1987年に年間を通じては2パーセント上昇にとどまった。

米国住宅バブルとリーマン・ショックを生んだブッシュ政権

米国住宅バブルとリーマン・ショック発生の原因の一つも、ジョージ・W・ブッシュ政権時の「双子の赤字」である。大型減税を実施し、同時に、アフガン戦争、イラク戦争によって防衛費が増大した。

2004年に、米国の経済成長率は3・8パーセントまで高まり、空前の住宅ブームが起こった（財政赤字対GDP比3・4パーセント）。また、貿易収支の悪化により、2006年の経常赤字対GDP比は5・8パーセントと史上最大になった。この時期は、中国の工業力が高まり、米国の対中貿易赤字が急拡大した。

その後、住宅バブルは崩壊し、2008年に、リーマン・ショックが発生した。2007年の高値から2009年の安値まで米国株は57パーセント下落し、ドル円相場は124

円（2007年）から86円（2009年）まで急落した。なお、円の最高値は2011年10月の75円であった。双子の赤字は、リーマン・ショック後の2009年に対GDP比合計12・4パーセント（財政赤字9・8パーセント、経常赤字2・6パーセント）と史上最大となった。

レーガン、ブッシュ両政権は、減税を実施して景気が上向けば、税収が増えて財政赤字は縮小すると主張した。ところが、実際には財政収支はむしろ悪化し、長期金利は上昇した。巨額の赤字が持続可能であろうはずもなく、やがて、プラザ合意、ブラックマンデー、リーマン・ショックなど、歴史的なドル安と株安が世界を震撼させたというのが歴史の教訓である。

トランプ政権でも繰り返される大型減税

歴史は繰り返すという。トランプは、大減税を公約して大統領選挙に勝利した。そして、トランプ政権は史上最大級の減税を実施し、同時に、防衛費を増大し、シリア爆撃など対外強硬策を実行している。

トランプ減税は大規模である。さらに、民主党の要求を飲まざるを得なかったため、歳出削減は十分でない。このため、財政赤字が大きく拡大する見通しである。

米国では、財政規律を維持するために、議会では様々な歯止めがある。しかし、今回の大減税はそれらを乗り越えて実現した。今回の税制改革法の成立は、予算決議が必要となった〔日向寺裕芽子、塩田真弓「「トランプ税制改革」について」（財務省 ファイナンス、2018年2月号）22〜25頁参照〕。予算決議は法律ではないが、議会の予算委員会が今後5年以上の予算方針を示すものである。そして、財政調整法を通じて、予算決議で示された方針を実行する。

財政調整法は、上院のフィリバスター（議事進行妨害。100票中60票以上の賛成を必要とする）を阻止し、議会で予算審議の迅速化を図るために導入された法律である。法案を過半数の賛成で成立させることを認めている。本来の目的は、財政赤字削減を目的としたが、2000年以降、減税政策に利用されている。

上院には、6項目からなるバード・ルールがあり、10年間を超える年度での赤字拡大措置を禁止している〔渡瀬義男「アメリカの予算制度と財政規律」（「経済のプリズム」No.149、2016年5月）33〜34頁参照〕。つまり、通算10年度を超えて財政赤字を拡大させる減税法案は、バード・ルール違反となり、上院の本会議で単純過半数の採決では可決できなくなり、60票以上という特別多数が求められる。

今回の減税法案では、２０１８年度予算決議において、10年間（２０１８〜２０２７年）の歳入歳出水準が示され、10年後の財政黒字化が盛り込まれた。こうして、バード・ルール違反を免れた。

急拡大する「双子の赤字」

大減税は景気を刺激し、２０１８年の米国の経済成長率は２・９パーセントと好調である（日本１・２パーセント、ＩＭＦ予想）。その結果、再度、「双子の赤字」が急拡大しつつある。２０１５年には、「双子の赤字」対ＧＤＰ比合計は４・８パーセント（財政赤字２・４パーセント、経常赤字２・４パーセント）にまで低下したが、再度、上昇傾向を示している。

２０１９年の財政赤字対ＧＤＰ比は４・７パーセントと拡大する見込みである。これは、日本２・８パーセント、ユーロ圏０・５パーセントを大きく上回る。さらに、経常収支対ＧＤＰ比は３・４パーセントの赤字と、日本の３・７パーセントの黒字、ユーロ圏の３・２パーセントの黒字と比較すると、著しく悪化するとみられる。米国の「双子の赤字」対ＧＤＰ比合計は８・１パーセントにもなる。

CBOの推計によれば、大型減税による経済への影響は、短期的に大きくプラスに働くが、長期的には、効果は薄れていくという〔CBO, "The Budget and Economic Outlook: 2018 to 2028", April 9, 2018〕。経済成長率は、2018年に3・0パーセント、2019年に2・9パーセントと高まる見込みである。一方で、2020年以降は、1・5パーセントから1・8パーセントで推移し、2018年から2028年の年平均成長率は1・8パーセントと、前回推計時と同水準である。

財政赤字の急拡大とそれに伴う景気拡大は、米国長期金利を必要以上に上昇させる。こうした不均衡が、アルゼンチンやトルコなど新興国通貨の下落を生んでいる。これまで同様、トランプ政権の「双子の赤字」が持続可能であるとは考えにくく、やがて、遠くない将来、ドル安と株安が世界を震撼させる可能性がある。

逆イールドカーブが相場の転機となった

「バブルは崩壊して初めてバブルとわかる」といわれる。したがって、バブル発生や崩壊のタイミングを正確に断言することはできない。そうはいっても、歴史の教訓から、何らかの株価下落の兆候をみつけ出す努力は必要である。

歴史的に、戦後、世界の上昇相場の転換点は、1980年、1990年、2000年、2007年と、過去40年間に4回あった。これらに共通する要因は、米国の逆イールドカーブである。

短期債から長期債の金利をプロットしたものを、イールドカーブ（利回り曲線）と呼ぶ。通常は、短期金利が低く、長期金利が高い。これを順イールドカーブと呼ぶ。しかし、ごくまれに、短期金利が長期金利を上回ることがある。これが、逆イールドカーブである。

1980年以降、順イールドカーブを伴う長期金利の上昇が原因で、株式の上昇相場が大きく崩れた例はない。たとえば、1987年のブラックマンデー（米国株が1日で21パーセント下落）は、長期金利の上昇をきっかけに発生した。しかし、前述のように、グリーンスパンFRB議長が市場に流動性を大胆に供給して、相場を安定化することに成功した。

逆イールドカーブの発生時には、景気サイクルのピークと株価のピークがほぼ同時にやってくるという共通点がある。さらに、インフレ率が高まることが多い。1979年は第2次石油危機、1990年はイラクのクウェート侵攻を原因として、原油価格が急騰した。結果として、インフレ率が大きく上がったため、FRBが政策金利を大きく引き上げた。

4−3　米国の長短金利の推移

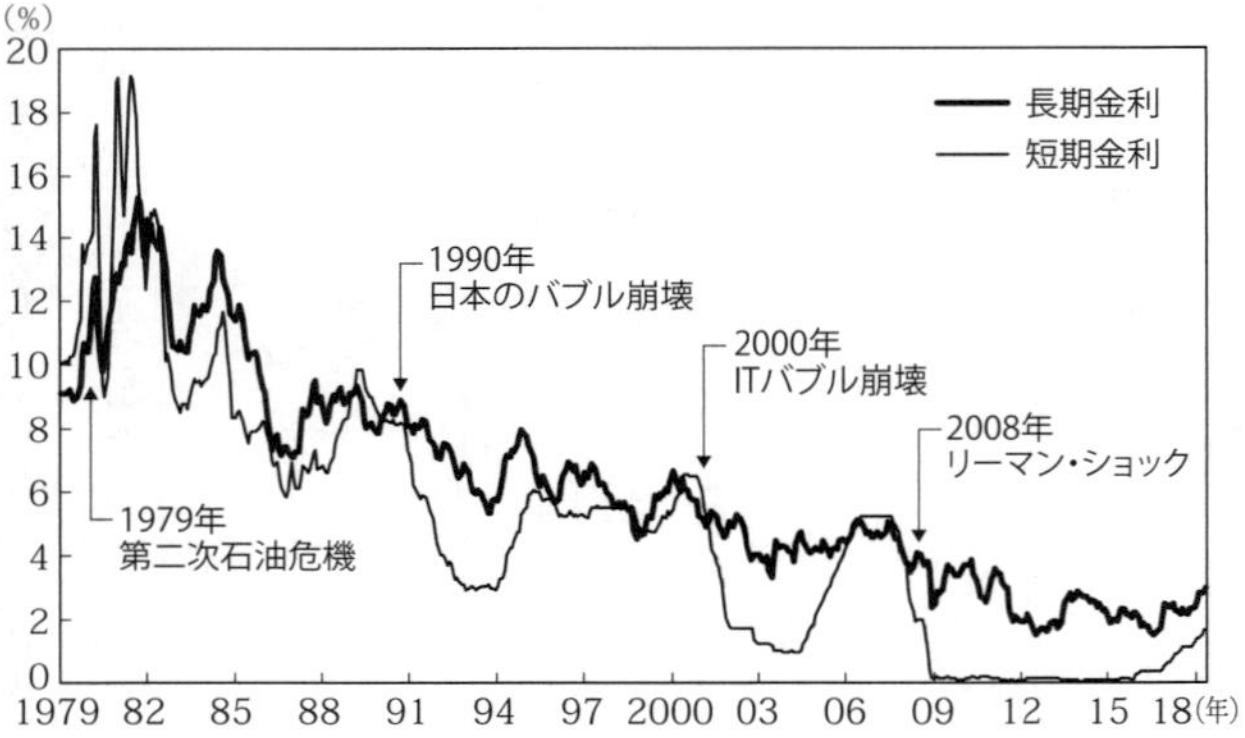

出所：FRB

２０００年は、インフレ率は安定していたが、前年の経済成長率が４・７パーセントと高く、かつ株式市場はＩＴバブルであったので、ＦＲＢは大きく利上げした。

２００２年から２００８年に、新興国バブルや中国の爆買いにより、資源価格は急上昇した。インフレに対応して、ＦＲＢが急ピッチで利上げを行った。そして、２００７年には逆イールドカーブと米国住宅バブル崩壊がほぼ同時に発生し、翌年、戦後最大級の不況となるリーマン・ショックが発生した。

逆イールドカーブになる理由は、景気のピーク時に、ＦＲＢが政策金利を大きく引き上げるからである。米国では、中央銀行の政策目標は、インフレ率と雇用の安定である。しかし、これらは景気に遅行して動くため、金融政策はどうしても遅れてしまう。つまり、過度に金融緩和し、遅れて金融引き締めに転じるので、結果として、必要以上に金融引き締めをしてしまうのである。

逆イールドカーブが生じる可能性

このように、株高、好景気、インフレ上昇の3条件が揃うと、逆イールドカーブ発生のリスクが高まる。今回も、株高、好景気が続いているが、長期にわたって低かったインフレ率も徐々に高まりつつある。

2015年12月の利上げ開始時には、政策金利であるFF金利（実効レート）は0・2パーセント、長期金利は2・2パーセントであった。それが、2018年5月末現在、政策金利は1・7パーセント、長期金利は2・8パーセントである。つまり、長短金利差は2・0ポイントから1・1ポイントに縮小した。米国の長期金利があまり上昇していない理由は、経済成長率が2パーセント台にとどまり、その上、インフレ率が安定しているからである。

政策金利は、2019年には3パーセント前後まで引き上げられる見通しである。経済状況に大きな変化がなければ、この時点で米国は逆イールドカーブになる可能性がある。

現在の最大のリスク要因は、新興国の景気過熱に起因する資源エネルギー価格の高騰とそれに伴うインフレである。現在も、原油価格は上昇しており、これが遅行してインフレ率を押し上げるとみられる。特に、人口が14億人の中国、13億人のインドの高成長が続いており、エネルギー需要は旺盛である。中国は環境意識の高まりとともに、石炭の消費を抑制しており、液化天然ガスや原油の輸入を増やしている。あるいは、ベネズエラの混乱、米国によるイラン制裁強化など、原油の供給に支障が出ている。

こうして、現在、逆イールドカーブ発生の3条件である株高、好景気、インフレ上昇が同時にやってきそうだ。よって、歴史の教訓が当てはまるとすれば、２０２０年前後に逆イールドカーブ発生、そしてバブルのピークがやってくることが考えられる。

マクロ要因のリスクは高まる

日本のバブル、ＩＴバブル、米国住宅バブルのピーク時には、株式市場は出来高を伴って急騰した。そして、歴史的に、長期上昇相場の最終局面では株価はオーバーシュートし、最後は、熱狂のなかで相場は大転換する。あらゆる大相場の最終局面では、市場は急騰し、その後、鋭角的に反転して、バブルは終わる。最近では、ビットコインがその例である。しかし、それは、株式や仮想通貨だけではなく、為替、原油、金など多くの相場に当てはまる。

その点、現在、ゴルディロックス相場（適温相場）と言われるだけに、株式市場に熱狂感はない。ゴルディロックス経済は、経済成長が早すぎず遅すぎず、過度なインフレのない心地よく穏やかな景気拡大を指す〔Remarks by Governor Laurence H. Meyer, "The Economic Outlook and Challenges Facing Monetary Policy", before the Economic Strategy Institute, Washington, D.C., FRB, January 8, 1998〕。ゴルディロックスは、英国の童話「ゴルディロックスと三匹のくま」から名付けられたもので、過熱状況にも、冷え込み状況にもない相場をいう。よって、株価はまだまだ余地があると考えられる。

ただし、歴史が示すように、株価が永遠に上がり続けることはない。株価が崩れるとすれば、これまで通り、マクロ要因がきっかけになることが考えられる。その代表格が、米国の逆イールドカーブである。

今回の利上げ局面もそうであるが、ＦＲＢは、最初はゆっくり利上げする。しかし、徐々に利上げのスピードは加速するのである。今回も、これまでと同様のパターンである。

世界最大の金融市場を持つ米国が過度に緩和すれば世界的なバブルになる。そして、必要以上に金融引き締めをすれば、株価急落につながるのは当然であろう。

最近、「日経平均3万円は通過点であり、株価が上がり続ける」と予想する専門家が増えてきた。しかし、日経平均3万円の達成はありえるにしても、その後、米国の逆イールドカーブの発生や海外の地政学リスクが顕在化すると、株価は急落するリスクがあるだろう。

第5章　仮想通貨はバブルか

1　仮想通貨の長所と課題

現在、バブルは起きているのか

バブルの法則によると、バブル発生中にバブルを認識することは著しく困難である。現在の株式相場が、バブルかどうかは定かではない。ただし、2010年代には、日本や欧州の長期国債がマイナス金利になるなど、異常ともいえることが起きている。後世、「借金をして利息をもらうことは異常。やはり、あれはバブルだった」ということになるかもしれない。

フィンテックは、多くの金融の領域に変化を与えるであろう。とりわけ、デジタル決済の分野が有望である。その有力なツールとして、ビットコインなどの仮想通貨、そして、ブロックチェーンなどの分散型台帳技術（DLT）が急速に進化している。

ビットコインに代表される仮想通貨についても、後世、「あれは、バブルだった」と言われる可能性がある。さらに、新規仮想通貨公開（ICO）は詐欺だという人も多い。そ

5－1　仮想通貨の時価総額の推移

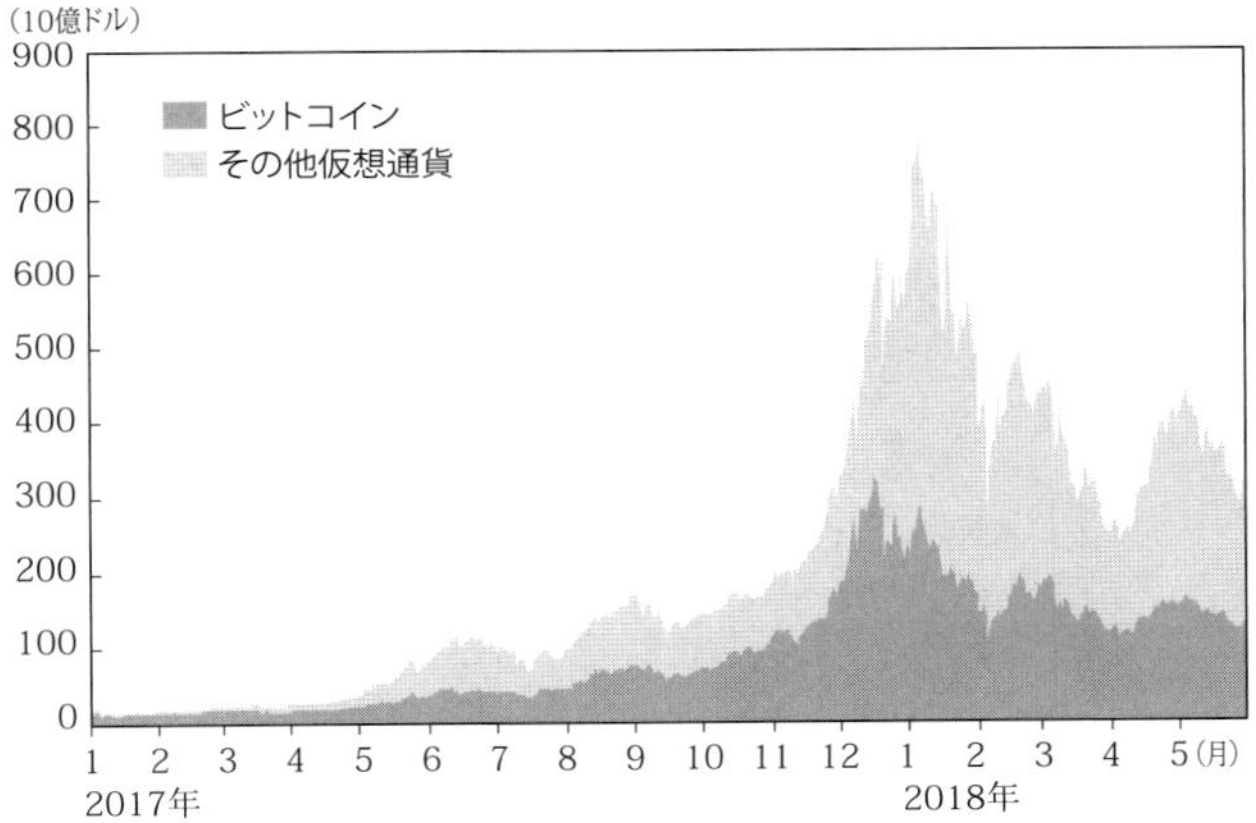

出所：Coin Dance

こで、以下、仮想通貨とＩＣＯについて、検討を進める。

仮想通貨とは何か

一般に、通貨とは、政府や中央銀行が発行する銀行券及び貨幣（硬貨）を指す。狭義では、現金通貨を指すが、広義では、決済機能を持つ預金通貨も含む（林康史編『貨幣と通貨の法文化』（国際書院、２０１６年）９頁参照）。経済学の観点から、貨幣（通貨）は、①計算単位、②交換手段、③価値貯蔵手段の機能を有する。通貨法上、通貨は、政府が製造・発行する貨幣と日本銀行が発行する銀行券であると定義する。資金決済法上、本邦通貨もしくは外国通貨で表示される資産を通貨建資産といい、債務の履行などに用いられる。金融商品取引法上、通貨は、金融商品に該当する。

仮想通貨は、DLTを用いて、個人間で、特定の第三者機関を介在させずに支払い決済を行うといった特徴を持つ〔BIS, "Digital currencies", November 2015, p.3〕。ビットコインは、偽造を防止するための暗号学的技術が使用されている。日本では、仮想通貨の呼称が一般的であるが、英語では暗号通貨（cryptocurrency）が一般的である。デジタル通貨と呼ばれることもあるが、これは電子マネーを含む場合もある。

FATF（金融活動作業部会）の定義によると、仮想通貨は、①電子的に取引可能で、②交換媒体、③計算単位、④価値貯蔵手段として機能する価値の電子的表示であり、⑤いかなる法域でも法定通貨に位置付けられないものをいう〔FATF, "FATF REPORT Virtual Currencies, Key Definitions and Potential AML/CFT Risks", June 2014, p.4〕。いかなる法域により発行・保証されるものではなく、利用者のコミュニティ内の合意のみに基づいて、上記機能を果たす。また、不換紙幣、電子マネーにも該当しない。

仮想通貨は様々なモノやサービスとの交換が可能であり、決済、送金も可能となっている〔ビットバンク株式会社&編集委員会著『ブロックチェーンの衝撃』（日経BP社、2016年6月）37頁参照〕。

仮想通貨と法定通貨の交換は、取引所（交換所）を通じて行われる。

世界的な公的機関では、仮想通貨や暗号通貨ではなく暗号資産と呼ばれることがある。2018年の20ヵ国財務大臣・中央銀行総裁会議（G20）の声明によると、「暗号資産はソブリン通貨の主要な特性を欠いている。……金融安定に影響を及ぼす可能性がある。……監視を続け」ていくという〔財務省「20か国財務大臣・中央銀行総裁会議声明（仮訳）（2018年3月19―20日 於：アルゼンチン・ブエノスアイレス）」〕。

マーク・カーニー、イングランド銀行総裁（兼 金融安定理事会〈FSB〉議長）やIMFのクリスティーヌ・ラガルド理事も、暗号資産という用語を用いている〔Speech given by Mark Carney, "The Future of Money", Governor of the Bank of England, to the inaugural Scottish Economics Conference, Edinburgh University, March 2, 2018, Christine Lagarde, "Addressing the Dark Side of the Crypto World", IMF blog, March 13, 2018〕。フランス銀行は、仮想通貨や暗号通貨というのは誤った呼称であり、暗号資産は、通貨の3機能である計算単位、交換手段、価値貯蔵手段を満たさない、もしくは、部分的に満たすにすぎないとする〔Banque de France, "The emergence of bitcoin and other crypto-assets: challenges, risks and outlook", *Focus*, No. 16-5, March 2018〕。

このように、「通貨」という用語を用いるのは必ずしも適切とは言えない。仮想通貨の表現としてもっとも実態に近いのが、「暗号技術を使ったデジタル記録」と考えられる。

仮想通貨はビットコインから始まった

ブロックチェーンは、2008年にサトシ・ナカモトと称する人物が公表した論文をもとに開発され、2009年に仮想通貨であるビットコインの運用が開始された。

仮想通貨は2017年以降、多様化し、急成長した。2016年末にはビットコインは仮想通貨の時価総額全体の87パーセントを占めていたが、2018年5月末現在で38パーセントに低下した。その間、仮想通貨全体の時価総額は2兆円から37兆円に急増した。

2016年末以降2018年5月末まで、時価総額上位10通貨中6銘柄が入れ替わるなど、淘汰が進んでいる。このように、仮想通貨は進化、発展しつつあるものの、まだまだ市場の多様性と厚みは不十分である。このため、価格の乱高下が激しい。

ビットコインの参加者全員が、秘密鍵と公開鍵の2種類のペアになった鍵を持つという暗号技術により、取引が守られている〔岡田仁志「黎明期にある仮想通貨をどう捉えるか――仮想通貨の技術がもたらす世界」『国立情報学研究所ニュース NII Today』(第69号、2015年9月)〕。デジタル署名により、取引の正当性が確保される仕組みである。そのなかで、大きな役割を果たすのが

5－2　仮想通貨の時価総額上位10通貨

主要仮想通貨	2016年末（10億円）	構成比	2018年5月末（10億円）	構成比	増加額（10億円）
1 ビットコイン	1,698	87.2%	13,902	38.0%	12,204
2 イーサリアム	78	4.0%	6,129	16.7%	6,051
3 リップル	26	1.3%	2,601	7.1%	2,575
4 ビットコインキャッシュ	NA	NA	1,856	5.1%	1,856
5 イオス	NA	NA	1,172	3.2%	1,172
6 ライトコイン	25	1.3%	733	2.0%	708
7 カルダノ	NA	NA	600	1.6%	600
8 ステラ	2	0.1%	569	1.6%	567
9 アイオータ	NA	NA	481	1.3%	481
10 トロン	NA	NA	452	1.2%	452
全体	1,947	100.0%	36,600	100.0%	34,653

注：2016年末時点のデータのない通貨は、ゼロと仮定。
出所：CoinMarketCap

マイナー（採掘者）である。マイナーがブロックの内容を精査し、不正が含まれていないかを検証し、承認する。ビットコインのマイニング（採掘）は、ＰｏＷ（プルーフ・オブ・ワーク、取引偽造を防ぐアルゴリズム）という手法が採用されている。

ブロックチェーンのブロックとは、約10分間の取引記録が格納された塊である。それがつなげられるので、ブロックチェーンと呼ぶ。そのブロックに含まれていない取引を、電子的な計算によって承認するプロセスがマイニングである。

ビットコインのガバナンスは、特定の管理者がいるわけではなく、参加者による合議制である。後述するように、マイナーは、ビットコインのガバナンスにおいて大きな影響力を持っている。

主要な仮想通貨

以下は、ビットコイン以外の主要な仮想通貨である。

イーサリアム

イーサリアム財団が開発したものであり、仮想通貨の他、分散型アプリケーションやスマートコントラクト（契約の自動執行）を構築するためのオープンソースプラットフォームである。ブロックの生成スピードは10秒から15秒と短く（ビットコインは10分）、通常のパソコンでマイニングが可能なことから、利用者が増えている。最近、急増しているＩＣＯは、イーサリアムのプラットフォームを利用するケースが多い。

イーサリアムは、マイニングの方式をＰｏＷからキャスパーと呼ばれるＰｏＳ（プルーフ・オブ・ステイク）への移行を予定している。ＰｏＳでは保有残高、保有期間に応じた報酬付与となり、ＰｏＷよりも少ない報酬となる。結果として、計算競争が緩和されるため、セキュリティや電力効率が向上するメリットがある。

リップル

リップルの仮想通貨はXRPと呼ばれる。分散型台帳間の取引承認について、特定の検証者がコンセンサス（80パーセント以上が有効と判定した場合）により行っている〔Dave Cohen, David Schwartz, and Arthur Britto, "The XRP Ledger Consensus Process", Ripple〕。マイニングがないため、XRPの決済時間は4秒と短い。ビットコインは1時間、イーサは2分以上、伝統的なシステムは3日から5日である（出所：リップルウェブサイト）。このため、XRPの取引量が多い。

ビットコインキャッシュ

2017年8月に、ビットコインのハードフォーク（分岐）により、ビットコインキャッシュが誕生した。ハードフォークとは、ブロックチェーンのプログラムを元々の流れには戻れぬように改変し、その流れを恒久的に分岐させることである〔一般社団法人日本仮想通貨事業者協会「計画されたハードフォークおよび新コインへの対応指針の公表について（お知らせ）」（2017年11月10日）〕。ソフトフォークは、ブロックチェーンの仕様変更であるが、下位互換性がある。

ビットコインが分岐する契機となったのは、ビットコインのブロックサイズ問題である。

ブロックサイズが、上限（1MB）を超えると、送金に何時間も要し、手数料も高くなる。解決策としては、①一送金当たりのデータ量を小さくする（セグウィット導入、ソフトフォーク）、②ブロックサイズを大きくする（ハードフォーク）、がある。

しかし、ビットコインの運用システム関係者間の利害対立でコンセンサスがとれず、対立することになった〔志波和幸「8月1日に分岐したビットコインの行方についての一考察」（国際通貨研究所、2017年8月2日）〕。最終的に、新たにビットコインキャッシュの発行・流通が開始され、ビットコイン保有者に付与された。

仮想通貨の価格形成と実質価値

仮想通貨の価値は、基本的に需給で決まる。ただし、現時点では、仮想通貨はその価格形成が合理性に乏しく、投機的な要素で決まることが少なくない。

仮想通貨の最大の強みは、国際決済・送金のコストが低く、迅速であるという点である。ビットコインなどを使った国際送金の手数料は少額であり、即日決済が可能である。一方で、銀行の手数料は数パーセント、期間は2週間程度かかることが多い。特に新興国通貨の送金手数料は高い。

5−3　ビットコイン価格の推移

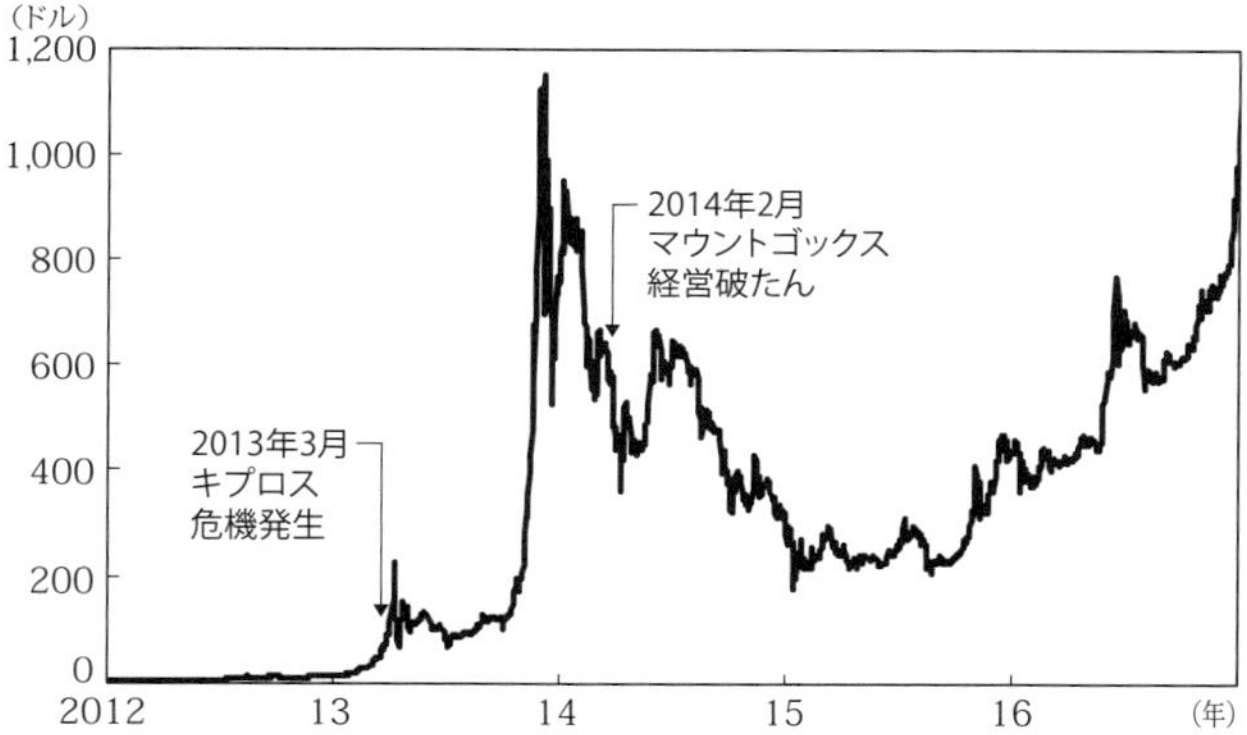

出所：CoinDesk

仮想通貨の価値の源泉は、国際送金であると考えられる。２０１３年にキプロス危機が発生し、銀行が閉鎖に追い込まれた。政府管理下にないビットコインは送金可能であったため、価格は急騰した。２０１３年以降、外貨送金の規制が厳しい中国で、ビットコインを用いた海外送金が急増した。

ただし、ビットコインの場合、ブロックサイズが大きくなると、送金に時間がかかり、その上、送金コストが高くなる。たとえば、ビットフライヤーの場合、送金手数料は０・０００４ＢＴＣ（１ＢＴＣ＝82万円）なので、３２８円となる（２０１８年５月末時点）。よって、国内送金については、その有利性は薄れつつある。

ビットコインなどの送金手数料は交換所では

なく、マイナーに支払われるため、マイナーは手数料の高い取引を優先する。その結果、時間を優先すると、割増しで送料が高くなる。

ビットコインの課題と限界

現状で、仮想通貨は、歴史の浅い技術であるため、通常の通貨のように使うことは難しい。以下、一般に通貨として使う場合のビットコインの問題点を整理する。

1、即時決済ができない

ビットコインの決済は通常10分単位で時間がかかるが、取引量が多い場合、数時間かかることもある。その間に、相場が大きく変動することがある。さらに、日本の場合、仮想通貨で買い物をしても、その都度、売却益を計算し、20万円以上の場合、雑所得として確定申告する必要がある。

ファイナリティ（決済完了性もしくは、支払完了性）について見解が分かれる。ファイナリティとは、決済が無条件かつ取消不能となり、最終的に完了した状態と定義される（嶋拓哉「資金決済におけるファイナリティ概念について――ファイナリティ概念の多義性を巡る法的検証」『金融庁F

ＳＡリサーチ・レビュー』（２００６ 第３号、２００７年２月）２頁参照）。現金の場合、信用リスクがないため、支払いの際、決済を直ちに終了できる。しかし、仮想通貨については、決済が完了した状態について、明確化されていない。確率的に、取引が覆る可能性がゼロに近づくものの、理論的には完全にゼロにはならない。つまり、決済が完成しないこともある。

２、相場が激しく変動する

ビットコイン相場の値動きが荒い。一日の最大上昇率がビットコインは43・0パーセント（２０１３年11月）、イーサリアムが51・0パーセント（２０１５年８月）である。これは他の金融商品の変動率をはるかに上回る。変動率が高い理由は、①投機狙いの投資家が多い、②商品の本質が必ずしも投資家に理解されていない、③本質的な価値の根拠が曖昧である、などからである。このため、現状では、一般の決済、送金に使われることは少なく、投機の手段として人気を集めている。

３、サイバーテロや不正アクセスに対して脆弱

仮想通貨交換業（取引所）は、比較的小規模な企業が運営している。そのため、サイバーテロや不正アクセスに対して脆弱であるおそれがある。２０１８年に、日本の仮想通貨交換業者（みなし業者）であったコインチェックは不正アクセスを受け、顧客の仮想通貨

ネム580億円分が流出した。これは、世界でも史上最大規模のハッキングであるが、それに次ぐ規模のマウントゴックス事件も日本で起きた。また、ランサムウェア（仮想通貨など身代金要求型ウィルス）などの犯罪がある。

仮想通貨のグローバル規制の必要性

世界的に、ある程度統一された仮想通貨規制が必要である。その理由として以下が挙げられる。

1、資金洗浄に利用されるおそれがある
匿名性が高いため、国際的な違法送金に使われることがある。
2、仮想通貨価格が急変動し、それが金融システムを揺るがしかねない
世界の仮想通貨の時価総額は、2018年1月のピーク時に87兆円まで達した時期があった。仮に、仮想通貨市場が急落した場合、世界の金融システムに大きな混乱が起こるリスクがある。
3、個人投資家などを対象とする詐欺的な行為が行われるおそれがある

金融知識が十分でない一般投資家が広範囲に投資し、その結果、大きな損失を被ることもあり得る。

グローバル金融規制の場合、おもに、主要20ヵ国・地域首脳会合（G20サミット）を中心に基本方針を決める場と、金融安定理事会（ＦＳＢ）を中心に制度や規制の詳細を決定する場に分かれる。日本の首相を含む首脳全員が合意するのが首脳宣言や行動計画である。ここで金融規制の大枠を決め、詳細な決定をＦＳＢに対して要請する。ＦＳＢは、世界主要国の中央銀行、財務省、金融監視当局の実務責任者が参加する。ここで出来上がった合意事項を参加国が国内法化することによって、ソフトローたるグローバル金融規制がハードロー化する。

中国人民銀行は、資金洗浄防止を目的として、２０１３年に金融機関によるビットコイン取引を禁止し、２０１７年にはＩＣＯを全面的に禁止することを発表した〔PBOC, Public Notice of the PBC, CAC, MIIT, SAIC, CBRC, CSRC and CIRC on Preventing Risks of Fundraising through Coin Offering, September 8, 2017〕。さらに仮想通貨交換所での取引も禁止した。このように、グローバルな資金洗浄防止策は、仮想通貨の世界的な普及の大きな課題である。

日本における仮想通貨の規制

日本では、2016年資金決済法改正（2017年4月施行）により、仮想通貨に関する法制度が整備された。仮想通貨が法的に定義付けられ、仮想通貨同士の交換、仮想通貨と法定通貨の交換業者について、登録制を導入した。金融庁・財務局での登録を受けた事業者以外による仮想通貨の売買が禁止される。

改正資金決済法第2条第5項及び第6項に、仮想通貨の法的定義がある。仮想通貨は、通貨法上の法貨に該当せず、金融商品取引法上の金融商品にも該当しない。不換紙幣との交換は行われるが、仮想通貨は不換紙幣ではない。資金決済法上、国債、地方債、預金通貨、社債などが、通貨建資産に位置付けられるが、仮想通貨は含まれない。

金融庁は仮想通貨交換業者を厳しく検査、監視している。仮想通貨の業界団体として、日本ブロックチェーン協会（JBA）、日本仮想通貨事業者協会（JCBA）が存在するが、それとは別に、日本仮想通貨交換業協会（JVCEA）がある。今後は、業界の自主規制の整備が必要である。

資金決済法で、仮想通貨が支払手段として位置付けられた。しかし、仮想通貨の法的性格が、明確に定まっているわけではない。東京地裁の判例（マウントゴックス事件）は、所有権の対象となる有体物はなく、排他的支配可能性を有するとは認められないと判示している〔平成27年8月5日 東京地方裁判所民事 第28部 判決（平成26年（ワ）第33320号／ビットコイン引渡等請求事件）〕。

そのため、仮想通貨のみならず、DLTによる証券発行や取引記録の場合、当該権利の帰属が問題となる可能性がある。ただし、仮想通貨の財産的価値は認められ、マウントゴックス事件での破産処理では、ビットコインの破産請求権は、破産債権として取り扱われている〔堀天子『資金決済法〔第2版〕』（商事法務、2016年）341頁参照〕。

仮想通貨の将来性は

日本は、仮想通貨の取引が活発である。同様に、日本では、オンライン証券による株式売買や外国為替証拠金取引も盛んである。日本の上場投資信託（ETF）の売買代金のうち、株価指数よりも値動きが大きいレバレッジ型ETFが全体の87パーセントをしめる（2017年）。つまり、ETFは、資産形成ではなく、投機の道具なのである。このように、日本では金融商品による投機が積極的に行われている。

主要国のギャンブル依存症率は、日本3・6パーセントと、米国1・9パーセント、仏1・2パーセント、英国0・8パーセント、独0・2パーセントを大きく上回る（樋口進、松下幸生「国内のギャンブル等依存に関する疫学調査（全国調査結果の中間とりまとめ）」（〝ギャンブル障害の疫学調査、生物学的評価、医療・福祉・社会的支援のありかたについての研究〟障害者対策総合研究開発事業、2017年9月29日）6頁参照）。パチンコが主因である。あくまで推測に過ぎないが、金融資産の投機と日本人のギャンブル志向の強さは関連がある可能性がある。

一般に、デジタル技術は急速に発展し、機能が大きく向上するとともに、価格は急速に低下することが多い。たとえば、東京とニューヨーク間の国際電話料金は30年前には3分間で1、500円前後もした。しかし、現在はスカイプを使えば、世界中、テレビ電話が事実上無料である。

同様に、仮想通貨もDLTも、急速に技術が発展し、機能が大きく向上すれば、価格は急速に低下することが考えられる。たとえば、アイオータは、IoTデバイス向け仮想通貨として開発され、送金手数料も無料である。Tangleと呼ばれるDLTを利用しており、ブロックチェーンより、多くの取引を高速で処理できる。

これらを総合すると、現在、仮想通貨の取引は、送金など実需は小さく、投機需要が大きいと推測できる。やがて、ブームが過ぎれば、仮想通貨の価格は安定し、実需に基づいた相場形成がされると考えられる。

新技術ブロックチェーンの登場

仮想通貨については、どちらかというと否定的な見解が目に付く。しかし、その基盤技術であるブロックチェーンは有望であるとされることが多い。ＤＬＴは本質的に複数のサイト、地域または組織間のネットワーク全体で共有可能な資産データベースであり、ネットワーク内の参加者は全員、各自で台帳の同一コピーを保持できる〔英国政府科学局「分散型元帳技術：ブロックチェーンを超えた応用の可能性 UK Government Chief Scientific Adviser（英国政府チーフ科学顧問）報告書」（ＮＩＲＡ総合研究開発機構 日本語版監修、２０１６年）５頁参照〕。台帳の変更内容はすべてのコピーに数分以内、場合によっては数秒以内に反映され、物理的または電子的な形態を採る。

ブロックチェーンは、ビットコインなど仮想通貨の基盤技術として開発され、ＤＬＴに分類される。これは画期的な技術であるため、仮想通貨に限らず様々な用途で活用することが見込まれる。例えると、ブロックチェーンはＩＴのインフラ基盤であるインターネットに相当する。

以下は、ビットコイン運営のために開発されたブロックチェーンの特徴をまとめたものである。

1、ブロックの改ざんが著しく困難である
多くの参加者がブロックチェーン全体の記録を持つため、改ざんが著しく困難である。しかも、ブロック作成には他の参加者の承認作業が必要となる。このため、ブロックチェーンを使った仮想通貨などを改ざんすることが事実上できない。ただし、詳細は省略するが、改ざんはまったく不可能というわけではない（51パーセントアタック）。

2、システムが安定している
一般のシステムでは、ホストコンピュータなど中央処理システムがデータを保有、管理している。このため、ホストコンピュータなどがダウンすると、システム全体がダウンする。一方、ブロックチェーンは分散処理システムである。すべてのコンピュータ端末（ノード）に全データがあるため、すべてのノードがダウンしない限り、システム全体がダウンすることはない。

3、維持費が低い

ブロックチェーンは維持費が著しく低い。メインフレームコンピュータやバックアップシステムのコストがない。

分散型台帳技術(DLT)の進化

DLTは仮想通貨にとどまらず、様々な分野で活用されるべく、次々に新しい技術が開発されている。DLTをビットコイン以外に活用する方法が模索されている。金融サービスでは、決済、送金、証券取引、ソーシャルバンキングといった分野が挙げられる。ブロックチェーンを応用すると、日本で約70兆円の市場に影響があるとの試算がある〔経済産業省商務情報政策局情報経済課「平成27年度 我が国経済社会の情報化・サービス化に係る基盤整備（ブロックチェーン技術を利用したサービスに関する国内外動向調査）報告書概要資料」（2016年4月28日）9頁参照。野村総合研究所「平成27年度 我が国経済社会の情報化・サービス化に係る基盤整備（ブロックチェーン技術を利用したサービスに関する国内外動向調査）報告書」（経済産業省、2016年3月）46～63頁参照〕。

ブロックチェーンを活用した国内外の送金について、全銀協は「ブロックチェーン連携プラットフォーム」を設置した。銀行界全体で、ブロックチェーンの知見を共有・蓄積する他、銀行、フィンテックベンチャー、IT事業者、一般事業会社等とともにブロックチェーンを活用した金融サービスを開発する実証実験の場となる。

一方で、ブロックチェーンに対して、厳しい評価もある。金融分野では、ブロックチェーンは応用が利かないとの指摘がある〔丸山隆平「「最新のブロックチェーン技術で地域経済の活性化を目指す」――Orb仲津CEOインタビュー」(『FinTech online』、2017年6月6日)〕。ブロックチェーンを処理するサーバが増えると処理速度が落ちるなどの問題がある。

最近では、ブロックチェーン技術を使わないDLTも登場している。R3による金融取引に特化したプラットフォームCordaである。R3は米国のフィンテック企業R3CEVが主導するコンソーシアムで、金融機関向けに、プライベート(コンソーシアム型)DLTを開発している。2015年に開始され、80以上の世界的金融機関が参加している。Cordaでの取引の検証は、取引ごとに当事者間のみで行われ、ブロックはない。PoWも行われない〔山田宗俊「分散型台帳技術Cordaについて」(日本銀行第3回FinTechフォーラム、2017年2月28日)〕。Cordaはオープンソース化され、コードはハイパーレジャープロジェクトに提供された。

２　資金調達の新手段である新規仮想通貨公開（ＩＣＯ）

新規仮想通貨公開とは何か

ＩＰＯ（新規株式公開）になぞらえて、ＩＣＯ（新規仮想通貨公開）と呼ばれる資金調達方法が登場している。ＩＣＯの統一的な定義はないが、企業やプロジェクトが独自のトークン（証票）を発行し、公衆から法定通貨や仮想通貨の調達を行う行為を総称するとされる〔金融庁「事務局説明資料」（仮想通貨交換業等に関する研究会（第１回）、２０１８年４月10日）５頁参照〕。これは、トークンセールとも呼ばれる。

発行者がトークンを発行し、利用者が法定通貨または仮想通貨でトークンを購入する。利用者間でトークンの売買や仮想通貨の交換が可能な場合が多い。発行体は、調達した資金を用いて事業を行い、場合によって、投資家には事業から得た収益が配当される。

ＩＣＯで発行されるトークンは、次のように分類される〔戸塚貴晴、河合健、福井崇人「Initial Coin Offering について」（アンダーソン・毛利・友常法律事務所、２０１７年９月）〕。

①　仮想通貨型トークン：仮想通貨として、決済手段及び送金手段として利用されることを想定したトークン
②　会員権型トークン：保有量に応じて、発行者や提携事業者のサービスや優待が受けられるトークン
③　プリペイドカード型トークン：発行者の商品やサービスを受けられるトークン
④　ファンド持分型トークン：保有割合に応じて、収益分配を受けるトークン

一般のＩＰＯは、未上場企業の株式を新規に証券取引所に上場させることで、各国の金融規制、上場規則等に従う必要がある。日本の場合、主幹事証券会社による引受審査や監査法人による会計監査の後、上場を申請し、日本取引所グループ（東証）が、形式基準・実質基準に基づき、上場会社としての適性を審査する（約３ヵ月）。上場審査承認後、金融商品取引法上の公募・売出しを通じて、新規上場となる。さらに、公募・売出しの際、有価証券届出書及び目論見書の提出が義務付けられる。

ＩＣＯの場合、有価証券に該当しない限り、金融商品取引法の規制や上場規則の適用を

受けない。一般に、目論見書に相当するホワイトペーパーが作成されるが、必ず作成されるとは限らず、開示内容も発行企業によって異なる。内容が虚偽や不適切である可能性があり、投資家保護は担保されていない。また、適切なプロセスを経ないまま、ホワイトペーパーが事後に修正されることもある。

ＩＣＯの発行企業にとってのメリットは、国内外の投資家から、瞬時に、低コストの送金手数料で資金を調達できることである〔同上〕。そして、ＩＰＯのように、厳格な上場審査手続きを踏む必要がなく、情報開示などの上場コストの負担もない。ただし、証券取引委員会（ＳＥＣ）は、ＩＣＯが有価証券に該当する可能性も示唆しており、証券法制の違反に問われれば、罰則が科される可能性がある。

投資家にとってのメリットは、発行後のトークンをインターネット上で取引でき、仮想通貨交換所での取り扱いがあれば、交換所を通じて売買も行える。しかし、ホワイトペーパーで開示される内容を理解する必要があり、トークンの特徴やリスクを投資家が完全に把握しているとは限らない。ＩＣＯを行う企業は、創業間もないような初期段階で、ビジネスモデルも実験的な場合が多いため、リスクも高まる。

The DAO 事件、コインダッシュ事件など、ＩＣＯにおけるハッキング事件が相次いでおり、発行企業も投資家も盗難の被害を受ける可能性がある。金融庁やSECなど、投資詐欺の可能性を注意喚起しており、反社会的勢力との関係も懸念される。仮想通貨で発行された場合、価格変動性も高い。

急増するICO

2017年以降、ICOの資金調達が急増している。2017年のICOによる資金調達額は4,000億円である（出所：Coinschedule）。2018年に入ってからも、史上最大級の大型案件が相次ぎ、年初から5月末までに累計約1兆円を調達した。案件数では米国がもっとも多い。

2018年5月末時点で、史上最大のICO案件は、ドイツのテレグラムの1,870億円（2018年）である。これは、プレセール（本格販売であるクラウドセールの前に実施する先行販売）2回分での資金調達である。テレグラムは、2013年に、ロシア最大のチャットアプリのVKの創設者ドゥーロフ兄弟が、非営利団体として設立した〔Telegram, "Telegram Primer", January 2018〕。ICOによる資金調達で、テレグラム・オープン・ネットワーク（TON）の構築を目指す。

国家として、ＩＣＯを通じてデジタル通貨を発行したのが、ベネズエラである。２０１８年に、ベネズエラ政府は外貨獲得の手段としてＩＣＯにより仮想通貨ペトロを発行し、約３、３００億円（30億ドル）の資金を調達した。これは、オイル資産を担保とする。ベネズエラに制裁を科している米国のトランプ大統領は、米国内でベネズエラのトークン取引を禁止する大統領令を発布した〔The White House, "Executive Order on Taking Additional Steps to Address the Situation in Venezuela", March 19, 2018〕。

ペトロは、オイルが担保する国家の暗号資産で、ベネズエラ政府による発行である〔Gobierno Bolivariano de Venezuela, "Petro, White Paper Beta, Financial and Technology Proposal", February 20, 2018〕。ネムのブロックチェーン・プラットフォームが利用されている。

ICOの問題点と規制

多くのＩＣＯは、実態が乏しい。２０１４年から２０１７年5月までのＩＣＯプロジェクトを対象にした調査では、全体の56パーセントが、まだ何かしらのプロダクトすら存在しないという〔東晃慈「10億集めたＩＣＯが何もプロダクトをローンチできない理由」（ビットコインニュース、２０１７年9月1日）〕。実際、プロダクトをリリースしたのは6パーセントに過ぎない。半数以上はまともなプロダクトや過去の実績が存在しないのにもかかわらず、数億円単位の調達を実現できている。

２０１７年に実施された９０２件のＩＣＯの調査分析では、全体の46パーセントがすでに失敗に終わっている〔Wessel Simons, "Onderzoek Bitcoin. Com: 46% Van De ICO's Faalt", Bitcoin Magazine, February 23, 2018〕。これらのうち１４２件のＩＣＯは資金調達自体に失敗し、２７６件は景況悪化による消滅や詐欺まがいのものであった。また、２０１８年１―３月期のＩＣＯで、46パーセントがアイデア段階に過ぎないことがわかっている〔ICORating, "ICO Market Research Q1 2018", April 23, 2018, p.23〕。

つまり、投資対象としてのＩＣＯはその内容に大きな問題があるといえる。これが、ＩＣＯを禁止すべき、あるいは厳しく規制すべきとの根拠になっている。

詐欺まがいの取引が行われるリスクがあるため、ＩＣＯについては、各国政府が規制やリスクの注意喚起に乗り出している。様々なリスクが指摘されており、中国などのように厳しい規制が実施される方向にある。米国では、ＳＥＣの監視対象となっており、証券発行と同等の規制がなされる可能性を示唆している。

日本では、金融庁は、ＩＣＯについて「仮想通貨を投資家に販売する場合には、一般に資金決済法に基づく仮想通貨交換業に対するルールが適用される」と述べている〔参議院会議録情報　第１９３回　国会　財政金融委員会　第17号（２０１７年６月８日）〕。制度が定まっておらず、米国と同様、ＩＣＯは活発でない。

ＩＣＯの制度を整備する必要性

今後、ＩＣＯや仮想通貨取引は世界的に規制が強化されるであろう。最終的には、ＩＣＯは通常の証券発行並みの規制が課せられる可能性が高い。ＩＣＯは、規制が緩いと不正が横行するおそれがあるので、投資家にとって魅力が落ちる。

投資家側のメリットは、「仮想通貨が値上がりする可能性がある」という点であると考えられる。しかし、当然のことであるが、仮想通貨は値上がりすることもあろうが、同時に値下がりするリスクがある。

ＩＣＯに対する批判は根強い。ただし、かつては、株式などの証券についても、エンロン事件、米国住宅バブルの崩壊のように、不祥事が数多く発生した歴史がある。だからといって、証券発行を禁止することはなかった。

不祥事が起きたことを理由に株式取引を禁止していたら、現在のような資本主義の繁栄はなかったかもしれない。歴史的には不祥事のたびに制度が整備され、さらに証券化の技術などが向上し、現在では多様な証券が発行されている。

「ICOを普及させるために、規制を株式よりも緩めるべき」という意見がある。しかし、それでは、ICOが成長しない。世界でもっとも規制が厳しい証券市場は米国である。そして、世界でもっとも巨大で、かつ高度な市場も米国である。不正が頻発するような形態が普及するはずがない。適切、あるいは厳しい規制があるからこそ、投資家の利益が保護され、市場が発展するのである。

暗号資産と分散型台帳技術の将来は明るい

制度の整備と技術の発達とともに、値上がりするかどうかは別にして、暗号資産は広く発展することが期待される。そして、ブロックチェーンはDLTの代表格として、大いに注目されている。

ICOについても、IPO並みの情報開示規制を設けることによって、不正の防止を図ることが望ましい。もちろん、厳しい規制が課せられれば、発行者のメリットが減り、当面、ICOの件数、金額とも減少することであろう。しかし、その後、創意工夫や技術の発達などによって、ＩＣＯが進化することも考えられる。

長期的に、仮想通貨、そしてＤＬＴの技術は急速に進歩しよう。その結果、現在では思いもつかないような資金調達方法が公明正大に実施できるようになるかもしれない。ＩＰＯなどの証券発行に対して、他の資金調達方法が登場すれば、既存の証券発行制度の改善を促す効果が期待できる。

ＤＬＴの活用においても、様々な用途が考えられる。情報処理の速度が遅いという欠点があるので、瞬時の処理を必要としない用途に向いている。たとえば、不動産の登記、著作権登録などに使える可能性がある。そして、まったく新しい技術なので、それに応じた制度の整備が必要になる。

今後、様々な暗号資産、ＩＣＯ、ＤＬＴが登場することが期待される。競争なくして、競争力なしである。それらのなかで、厳しい競争を勝ち抜いたごくわずかの数のものが、資本市場や金融サービスの向上に貢献することとなろう。ただし、技術の進歩に合わせた制度の整備は大きな課題である。これらの分野では、官民の協調が期待される。

第6章　AI革命が株式相場を牽引する

1　次の投資テーマはAI革命

10年に一度、大きな投資テーマが生まれる

株式相場には、マクロとミクロの大きなサイクルがある。バブルは10年に一度やってくるが、これは、景気のサイクルが概ね10年だからと考えられる。たとえば、日本のバブル、ITバブル、米国住宅バブルはいずれもマクロ経済が好調であるからこそ発生した。

そして、株式相場には、10年に一度、大きな投資テーマが生まれる。投資テーマは、技術革新が概ね10年のサイクルを持つため発生することが多い。

1980年代の日本のバブルは、当時、日本のハイテク産業が世界最高の競争力を持つが故に生まれた。プラザ合意後の円高をものともせず、日本企業の業績は好調であり、これが株高の原動力となった。ソニーや松下電器などの家電メーカーの全盛期であった。

1990年代のITバブルは、パソコン、インターネット、移動体通信が世界的に普及したことが原動力となった。インテルやマイクロソフトの株価が大きく上がったのが、こ

の時期である。

２０００年代の米国住宅バブル時には、同時に第３世代移動体通信（３Ｇ）が普及したため、モバイル・インターネットが一般的になり、Ｅコマースが急成長した。アマゾンやグーグルが本格的に成長を始めた。

そして、２０１０年代はスマートフォンが我々の生活を大きく進化させた。そのため、スマートフォン関連のアップル、アルファベット、フェイスブックなどの株価が大きく上がった。

株式投資の要諦は、次の投資テーマを予測し、相場をリードするコア銘柄に投資することである。そこで、ここからは２０２０年代の投資テーマを見極める。そのコア銘柄に投資することが勝利の方程式だからである。２０２０年代に向けて、産業革新の主役は、ＩＴ革命からＡＩ革命にシフトすることだろう。ＡＩ革命の主戦場は、自動運転、ロボット、フィンテックの３分野であるが、とりわけ、自動運転が最大の市場となることだろう。

ＡＩ革命とは何か

ＩＴ革命は、１９９０年代に、インターネット、移動体通信技術（携帯電話）、パソコンの登場によって生まれた。そして、今、ＩＴ革命は、ＡＩ革命に進化しようとしている。ＡＩ革命は、人工知能が学習機能を持ったことによって革新的に発展した。

ＩＴ革命をＡＩ革命に変えた革新的な技術は、おもに、①ディープ・ラーニング（深層学習）、②ビッグデータ（巨大で複雑なデータ）、③ＩｏＴ（すべてのものをインターネットにつなぐ、Internet of Things）である。

つまり、すべてのモノがインターネットにつながり、早く、安いコストで膨大なデータを世界中から集めることができる。それらの集合体がビッグデータである。そのビッグデータを絶えず更新し、それを分析し、コンピュータがそこから学習をする。その結果がＡＩとして使われる。

ＡＩの歴史は意外に長い。１９４７年にアラン・チューリングが、ロンドン数学学会で人工知能の概念を提唱し、１９５６年には、ジョン・マッカーシー（ダートマス大学）がＡＩの言葉を使用した。

２０００年代のＡＩ研究で、人間の神経回路をコンピュータ上で再現するニュートラル・ネットワークと呼ばれる手法が開発された。２００６年に、トロント大学のジェフリー・ヒントン教授らの研究グループが、ディープ・ラーニングと呼ばれる革新的手法を開発した。

ＡＩの発達は目覚ましく、すでに、一部の領域では人間の達人の領域に近づきつつある。アルファベットの子会社である英国のグーグル・ディープマインドが開発した「アルファ碁」は、人工知能を使ったコンピュータ囲碁プログラムである。欧州チャンピオンに勝利し、その後、世界トップクラスの囲碁棋士イ・セドル九段に勝利し、世界を驚かせた。

パソコンのワードソフトがタイピストの職業を消滅させたように、今後、通訳や翻訳家の職業が消滅する可能性がある。つまり、高度技能を持っている人であったとしても、かなりの部分をＡＩに代替される可能性がある。

自動運転がAI革命最大の市場

ＡＩ革命において、最大の市場は自動運転になるだろう。世界の自動車（四輪車）保有台数は約13億台であり、年間生産台数は1億台弱である。２０２０年代に、人間が運転する自動車の多くが自動運転車に代替されることだろう。しかも、ガソリン車から電気自動車（ＥＶ）にシフトし、結果として自動運転のＥＶが世界で大きく普及すると予想される。

SAE International の J3016（２０１６年９月）は、自動運転を手動運転のレベル０から完全自動運転のレベル5に分類する〔JASOテクニカルペーパ「自動車用運転自動化システムのレベル分類及び定義」(2018年2月1日)〕。手動運転(レベル0)は人間がハンドル、ブレーキ、アクセルなどをすべて自分で制御する状態を指す。

レベル1の運転支援で、一般になじみが深いのが、クルーズコントロールである。クルーズコントロールは、自動車の速度を一定に保って運転できる。衝突防止装置は、比較的価格が低い軽自動車にも搭載され、急ピッチで普及している。自動車が障害物を感知すると、運転者がブレーキを踏まなくても、自動的にブレーキがかかるシステムだ。

具体的な自動運転システムとして、以下のサービスの市場化が将来的に見込まれている〔高度情報通信ネットワーク社会推進戦略本部・官民データ活用推進戦略会議「自動運転に係る制度整備大綱」(2018年4月17日)6〜8頁、内閣府政策統括官(科学技術・イノベーション担当)「戦略的イノベーション創造プログラム(SIP)自動走行システム研究開発計画」(2018年4月1日)4頁参照〕。レベル3は2020年、レベル4は2025年を目途とする。

部分運転自動化(レベル2)

高速道路での自動運転モード機能(合流、車線変更、車線・車間維持、分流など)を有するシステムである。自動走行モード中は、原則、ドライバーの責任であるが、走行状況等について、システムからの通知機能がある。

条件付運転自動化（レベル３）

高速道路等、一定条件下での自動運転モード機能を有するシステムで、自動走行モード中は、ドライバーは運転に関与しないが、緊急時に、システムからの要請に応じ、ドライバーが対応する。

高度運転自動化（レベル４）

レベル３のように限定領域内において、システムが自動運転を担う。緊急時も、自動運転をシステムに委ね、車両内にドライバーは存在しない。無人自動走行運転の移動サービスも可能となる。

完全運転自動化（レベル５）

場所の制限なく、システムが道路状況を認知して、自動運転をすべて行う。レベル４と同様、緊急時もドライバーが運転操作を行わない。人間は乗車するのみであり、目的地まで運転にまったく関与せずにたどり着くことができる。

つまり、レベル4・5が完全自動運転であり、一方、レベル2・3は、あくまで主人公は運転者であり、運転の責任は人間が持つことになる。

自動車産業の付加価値がシフトする

自動車産業は、たいへん裾野が広い。自動車部品、電子部品のみならず、ガソリンスタンド、自動車保険、タクシー、バスなどの輸送業、トラック運送業など、関連分野のビジネスモデルが革命的に変わるだろう。

この歴史的な変化のなかで、自動運転で世界をリードする日本は大きな恩恵を受けることだろう。自動運転に関連して、自動車、自動車部品、電子制御装置、センサ、AI、通信技術など幅広い技術が必要となる。こうした技術のうち、AIは米国が先行するものの、他の多くの分野においては日本企業も高い競争力を持つ。

日本が圧倒的な強みを持つ分野は、ITと機械工学を融合したメカトロニクスである。そして、自動運転では、メカトロニクスの技術力が問われる。世界では、米国のシリコンバレー企業であるアルファベット、ウーバー、テスラなどが自動運転車の開発に乗り出している。

現在のガソリン車の付加価値は、以下の順に高い。

1、完成車メーカー

トヨタ自動車など、組立工程に強みを持つ自動車メーカーの収益が圧倒的に大きい。現在、自動車産業のなかで圧倒的に大きな利益を稼いでいる。

2、デバイス

従来は、デンソーなどの自動車部品メーカーが、大きな利益を上げてきた。近年では、電池、半導体、センサなどエレクトロニクスメーカーの進出が進んでいる。

3、自動車サービス業

ガソリンスタンド、自動車保険、タクシー、バスなどの輸送業、トラック運送業、自動車教習所などがこれらに当たる。自動車保険を除き、収益率が低く、かつ成長力も低い。

現在は収益性の高い自動車保険だが、交通事故がなくなれば、自動車保険は必要なくなるかもしれない。また、自動運転で交通事故がすべてなくならないとしても、大きく減れば、自動車保険料は大きく下がるであろう。フィンテック時代の到来もあり、自動車保険ビジネスが根底から変わるかもしれない。

ガソリン車では、1台当たり10万点前後の部品を必要とする。このため、精巧な組立加工技術が必要とされる。そこで、トヨタ生産方式など製造工程における付加価値が高いのである。ところが、EVでは、必要な部品点数が、将来、1万点前後になるといわれている。その場合、付加価値は組立工程からデバイスに大きく移動するだろう。

さらに、自動車に乗っている間の空間と時間が新たなビジネスを生み出すこととなろう。これまでとは異なり、車を運転しなくても済むので、家族でゲームを楽しみ、テレビ番組などをみるといったニーズが高まることだろう。

米国ではデバイスメーカーが成長

米国で、自動運転関連で注目を集めるのが、エヌビディアである。1993年に、台湾出身のジェン・スン・ファン現CEOにより設立された。時価総額は約18兆円と、日立製作所やパナソニックの4兆円台を大きく上回る。

1999年に、画像処理演算装置（GPU）を開発し、PCゲーム市場が成長する起爆剤となった。エヌビディアの売上の57パーセントは、ゲーム用GPUである（2018年

１月期）。さらに、ＡＩの分野に事業を拡大し、データセンター、自動運転事業が成長の柱となっている。

エヌビディアは、自動運転車の頭脳の一部を構成する画像処理の半導体（ＧＰＵ）製造で世界１位である。ディープ・ラーニングを利用したＤＲＩＶＥ ＰＸは車両周囲の状況をリアルタイムで把握し、高精細地図で車両の位置を正確に認識することで安全な経路を計画する。

自動運転の分野では、ＧＰＵやディープ・ラーニングを活用し、ＤＲＩＶＥブランドで、フルソリューションを提供している。トヨタ自動車、メルセデス・ベンツ、アウディ、ボルボ、テスラなど、大手自動車メーカーが、自動運転技術の開発に、エヌビディアのシステムを採用している。

自動運転ＥＶは完成に近づく

現時点で、米国は、自動運転の研究開発面で優位にある。とりわけ、先行しているのがアルファベットである。アルファベット傘下のグーグルが２００９年にプロジェクトを開始し、２０１６年より同傘下のウェイモが自動運転開発を担っている。将来的に、無人の完全自動運転を目指す。

ウェイモは、自動運転車を生産するパートナーとして、フィアット・クライスラー・オートモービルズと提携しており、2018年後半に、6・2万台の自動運転車を納入予定である。また、ジャガーと提携し、2万台の無人運転タクシーの開発に乗り出した。

イーロン・マスクがCEOであるテスラは、電気自動車に特化した自動車メーカーである。2014年に、電気自動車「モデルS」で、オートパイロット機能（自動運転機能）の装備を開始した。テスラの工場で生産されるすべての車両に、人が運転するよりも安全性を大幅に向上することができる、完全自動運転機能対応のハードウェアが搭載されている。つまり、ソフトウェアのアップデートにより、レベル5の運転も可能となる。ただし、現段階での自動運転技術は、レベル2である。これは、ドライバーが運転の監視操作をし、責任もドライバーが負う。

ウーバーは、自動運転トラックのベンチャー企業 Otto を買収し、ボルボとも自動運転車開発で提携した。2018年に、ウーバーの自動運転の走行実験中に、歩行者をはね、死亡事故となった。まだ、完全自動運転への道のりは遠いといえよう。

日本のロボット稼働台数は世界一

次に、期待されるのがロボットである。ロボットとは、センサ、知能・制御系、駆動系の３つの要素技術を有する、知能化した機械システムをいう〔経済産業省「ロボット政策研究会中間報告書」（２００５年５月）〕。ロボットの活用は、製造業からサービス業にも拡大しようとしている。特に、自動運転、ドローン、音声認識システムの３技術は、新たなロボット市場を生もうとしている。

産業用ロボットの稼働台数で、日本は、世界第１位である（２０１５年）。欧州ではＡＢＢやドイツ企業が大手メーカーだが、米国はこの分野で上位企業はほとんどいない。

ファナックは、１９７２年に富士通のＮＣ（数値制御装置）部門から分離して設立された。コンピュータ制御の工作機械に欠かせないのがＣＮＣ（コンピュータ数値制御）システムである。１９７４年に、産業ロボットを開発したファナックは、自社工場に導入した。これが、コンピュータ関連部品メーカーであったファナックをロボットメーカーに変身させた。ファナックは、産業用ロボットの世界シェア第１位である。

安川電機は、１９１５年の創業以来、電動機（モータ）とその応用を事業領域と定め、モータ技術を応用した製品をつくり続けている。「モーション制御」「ロボット技術」「パワー変換」のコア技術から、ACサーボ（交流電源で駆動するモータ）、インバータ（モータ回転数を制御する装置）、産業用ロボットが生まれた。

三菱電機は、総合電機メーカーからファクトリーオートメーション（FA）企業に変身しようとしている。営業利益では、FAシステムと自動車機器で構成される産業メカトロニクス部門が稼ぎ頭となっている。

サービス業で活躍するロボット

ロボットはおもに、自動車や電気製品の製造工程の組み立てや加工に使われてきた。今後は、ロボットの用途が第二次産業主体であったものが、第三次産業主体にシフトしていくことだろう。

手術ロボットは、たとえば、高度な手術の手腕を持つ米国の名医が、米国から遠隔操作によって、インドにいる患者を手術するものだ。医療ロボットを使った手術支援ロボットとして、ダ・ヴィンチが挙げられる。1990年代に米国で軍事技術として開発された。

サイバーダインは、医療介護ロボットの先駆的な取り組みを行っている。代表取締役社長兼ＣＥＯの山海嘉之（筑波大学教授）は、研究者として、人とロボットを機能的に一体化させた世界初のサイボーグ型ロボットＨＡＬを開発した。ロボットスーツＨＡＬは人が装着して利用する仕組みである。医療用ＨＡＬは、ロボット治療機器として、神経・筋難病患者の身体機能を改善・再生させることを目的とする。

ホテルのロボット化や自動化が進んでいる。旅行事業を手掛けるＨ・Ｉ・Ｓは、２０１５年に、長崎のハウステンボスに最先端のロボット技術を導入した「変なホテル」を開業した。

アマゾンやアップルが本格的に参入するロボット産業

自動車と同様、米国企業のロボット産業は、日本やドイツに大きく後れを取ってきた。しかし、ＡＩ革命時代には、自動運転と同様、巨大ＩＴ企業が本格参入しようとしている。

アマゾンは、２０１２年に、キバ・ロボットを買収し、自律制御技術を応用したロボットを自社の物流倉庫に導入している。ドローン配送、プライムエアは、注文後30分以内に配達するサービスであるが、自社ドローンによる実証実験中である。

アマゾンエコーは、クラウドベースのＡＩスピーカーで、音声だけでリモート操作できる。「アレクサ」に話しかけるだけで、音楽の再生、天気やニュースの読み上げ、アラームのセット、キンドルの本の読み上げなど簡単に音声操作できる。「アレクサ」に対応している電化製品や赤外線コントローラーがあれば、自宅の電化製品も操作できる。

音声認識システムはサービスロボットの開発において、たいへん重要な役割を持つ。音声認識システムは、アップルのSiriが代表例である。ロボットの認識・コミュニケーション技術は、音声認識に加えて、音声合成・対話技術、画像認識、物体認識、人物認識などにより、人との対話が格段にレベルアップしている。これが、ロボットの用途を製造業からサービス業に拡大する大きな武器になる。

AIで高度化するフィンテック

フィンテックとは、マネーに関わるビッグデータを活用するテクノロジーである。ビッグデータを活用するテクノロジーは、医療や製造工程など多彩な分野で使われるのだが、金融に関わる分野をフィンテックと呼ぶ。つまり、金融とテクノロジーの融合であるが、主役はあくまでテクノロジーであって、金融ではない。

これが、前述の仮想通貨やＤＬＴ、そしてＡＩの技術進歩により、一段と高度化するものと思われる。フィンテックのうち、ＡＩを積極的に活用するものとして、与信、資産運用（ロボアドバイザー）などがある。決済データをＡＩで処理すると、消費動向などのビッグデータを集めることができる。これにより、マーケティングに決済データを活用することができる。

フィンテックの主要分野として、①決済、送金、②資産運用、③保険、④資金調達、⑤与信、貸付、⑥資本市場のインフラがある。現在、フィンテックに関連してもっとも成長性の高い事業は、デジタル決済である。

現金は信用リスクがないため、支払いの際、決済を直ちに終了できる（ファイナリティ）。さらに、誰が、いつ、どのようなモノを買ったかといった価値情報はないため、匿名性が担保されるといったメリットがある〔日本銀行決済機構局「ＢＩＳ決済統計からみた日本のリテール・大口資金決済システムの特徴」『決済システムレポート 別冊シリーズ』２０１７年２月、４頁参照〕。一方で、現金の短所は、いずれも多額の場合、①重くてかさばり、輸送コストがかかる、②盗難など犯罪に巻き込まれるリスクが高まる、③銀行に現金を持ち込むなどの作業が必要となる、などがある。

キャッシュレスのメリットは、消費者にとって、①大量の現金を持たずに買い物が可能になる、②ネット取引に不可欠である、③カード紛失・盗難時の被害リスクが減る、④消費者履歴情報管理、自動家計簿サービス等の利便性が向上する、である〔経済産業省商務流通保安グループ（２０１６年）「キャッシュレスの推進とポイントサービスの動向」（地域経済応援ポイント導入等による消費拡大方策検討会（第１回）配付資料３、２０１６年12月２日）〕。また、事業者にとっても、①従業員による現金喪失・盗難のトラブルが減少する、②紙幣に触れるより衛生的である、③現金の搬出入回数が減少する、といったメリットがある。

現金（紙幣、貨幣）の保有コストは、意外に高い。米国では、現金を使うことのコストが年間20兆円を超えるという試算がある〔Bhaskar Chakravorti and Benjamin D. Mazzotta, "The Cost of Cash in the United States", The Fletcher School and Tufts University, p.35, 2013.〕。米国の小売業において、年間４兆円以上が盗難の被害に遭っているといわれる〔Bhaskar Chakravorti, "The Hidden Costs of Cash", Harvard Business Review, June 26, 2014.〕。クレジットカードは、平均で約４パーセント（販売店の業態により異なる）の手数料を徴収している。これは、言い換えると、販売者が、利用金額の４パーセントを支払ってまでも、現金よりもクレジットカードの価値があると判断していると言える。

日本の現金通貨流通高（対ＧＤＰ比）は、20パーセント弱と主要国で最大である（欧米は10パーセント前後）。日本は、現金保有構成比が大きく、小口決済で現金の利用が突出して高いという特徴がある。このため、電子決済による恩恵が大きいともいえる。

成長する米国のフィンテック企業

現時点で、世界最大のフィンテック企業はビザであり、電子決済技術における世界的なリーダーである。ビザは、世界最大のクレジットカードのブランドでもある。ビザ以外で成長しているフィンテック企業は、ビザと同じビジネスモデルを持つマスターカード、世界最大の運用会社であるブラックロック、デジタル決済企業ペイパル・ホールディングスなどがある。これらは、日本の有力なフィンテック企業と比較して、圧倒的に大きい。

誤解されやすいが、ビザはクレジットカードを発行しておらず、クレジットカード会社ではない。金融機関を主たる顧客とする電子決済サービス用ITシステム開発企業である。ビザから権利を得た業者（銀行など）がビザブランドのクレジットカードを発行できる。銀行などのカード発行者が信用リスクを取るのであって、ビザが信用リスクを取ることはない。カードを発行する金融機関やカード利用会社の金融機関からの手数料が収益源である。

6-1　クレジットカード関連会社の時価総額推移

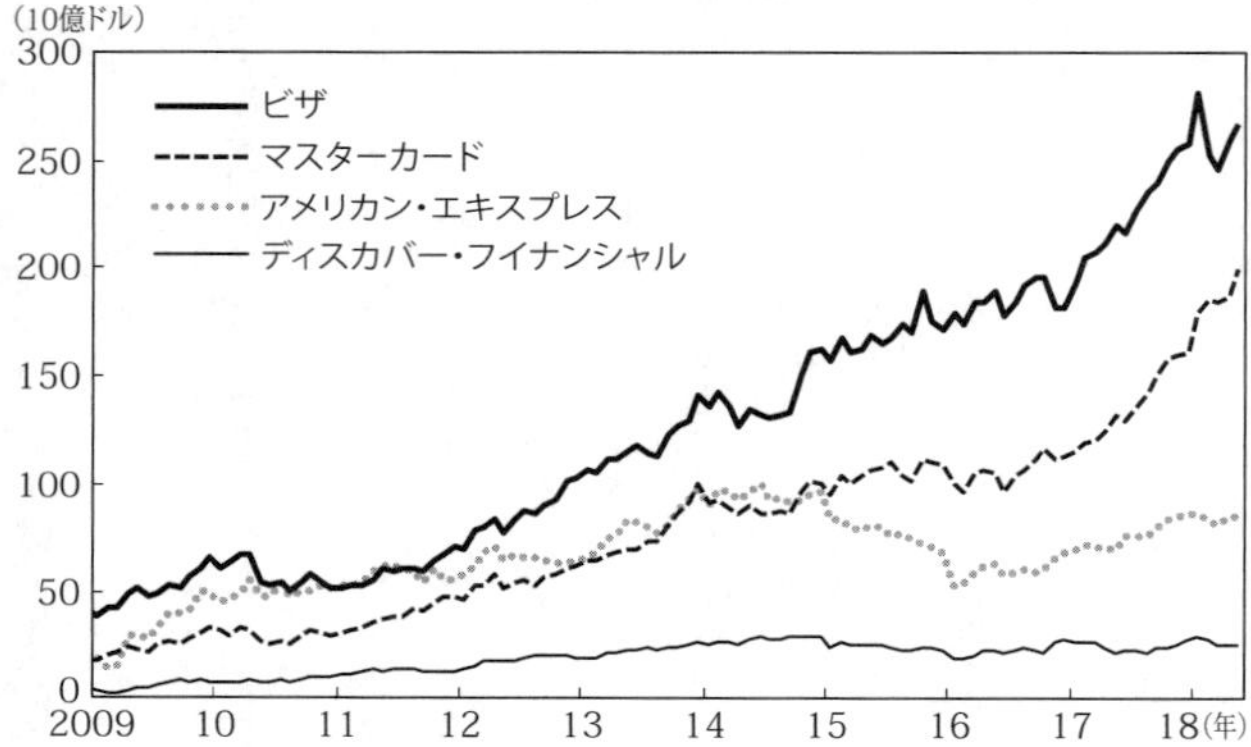

出所：ブルームバーグ

ビザブランドは、世界シェア最大のカードであるため、高度なＩＴシステムが必要とされる。世界中で数多くの決済がされるため、超高速情報処理ネットワークが必要となる。また、ハッキングに対する堅牢性など、高度なシステム構築能力が求められると同時に、一般消費者が使いやすい利便性と相反する技術が求められる。また、クレジットカードに加えて、後払い型の電子マネーなどにも進出している。

一方で、アメリカン・エキスプレス、ダイナースクラブカードを発行するディスカバー・フィナンシャル・サービシズ、あるいはＪＣＢは、クレジットカードを発行するクレジットカード会社である。つまり、アメリカン・エキスプレスやダイナースは、自ら与信リスクを負う金融サービス業者だが、ビザは金融サービスを提供していないので、IT事業者である。このため、ビザの成長力はたいへん高い。つれて、株価は大きく上がっている。

2　AI革命時代の投資戦略

相場を動かすのはミクロ要因

ここまで確認したように、マクロ要因は、中東や北朝鮮などの地政学要因、米国の「双子の赤字」、そしてそれに起因する逆イールドカーブ発生の可能性など、リスクが高まっている。一方で、ミクロ要因は、AI革命によって一段とその付加価値を高めることになろう。

株式投資で成功するには、マクロ要因よりもミクロ要因の分析が重要である。「株価は経済を映す鏡」といわれる。しかし、これは誤りである。

２０００年代は、日米欧の株価はそれほど大きな差はなく、概ね同じように動いてきた。しかし、２０１０年代に入って、日本や欧州と比較して、米国の上昇率が突出して高い。過去10年間、マクロ経済とはあまり関係なく、米国企業の成長力が高いために、米国株の上昇率が高かった。

過去10年間の年平均経済成長率（２００８〜２０１７年）は、米国１・４パーセント、ユーロ圏０・６パーセント、日本０・５パーセントとそれほど大きな差があるわけではない。しかし、株価上昇率（２００８〜２０１７年）は、米国（S&P500）が82・１パーセントと、欧州（ブルームバーグヨーロッパ５００指数）の０・０パーセント、日本（TOPIX）の23・２パーセントを大きく上回る。世界の株式市場を牽引するのは、米国のＩＴ企業である。

米国株に投資するということは米国経済に投資するということではなく、米国企業が発行した株式に投資するということである。つまり、「株式市場は、企業の成長力や収益力を映す鏡」なのである。

過去10年間に世界では、激しい新陳代謝が進んだ。２００７年末の時価総額上位10社のうち、10年後も上位10社に生き残っているのはマイクロソフト１社のみである。実質的に

6－2　日米欧株価の推移

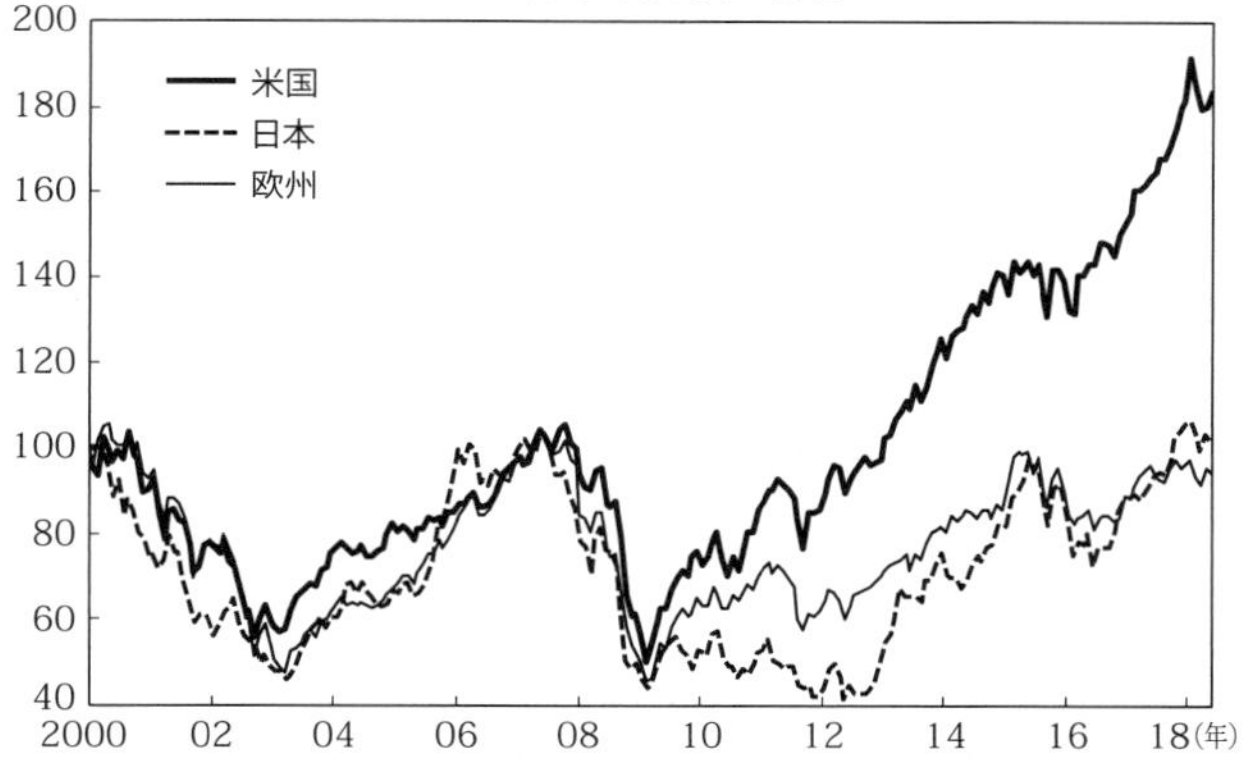

注：1999年末＝100。米国（S&P500）、欧州（ブルームバーグヨーロッパ500指数）、日本（TOPIX）
出所：ブルームバーグ

ＩＴ企業であるアマゾンを含めると、上位10社のうち7社をＩＴ企業が占める。

これらは、アマゾン（１９９４年）、アルファベット（１９９８年）、そしてフェイスブック（２００４年）と若い企業が多い。

１９９０年代後半のＩＴバブル当時に栄華を誇ったＡＯＬ、サン・マイクロシステムズ、ルーセント・テクノロジー、ヤフーインク、デルは、現在、上場企業として存在していない。

つまり、激しい淘汰の波を生き抜いてきたハイテク企業が相場を押し上げてきたことになる。その激しい淘汰を生んだのが、技術革新である。そして、ＩＴ革命よりもさらに厳しい淘汰の波が訪れようとしている。それがＡＩ革命である。

日本もＡＩ革命の基礎技術では強い

ＡＩ革命の主要分野では、米国企業が圧倒的な国際競争力を持つ。ただし、日本もいくつかの有力なＡＩ技術の分野では世界的に高度な技術力を持つ。とりわけ、移動体通信技術とＩｏＴ向けデバイスについては、世界でもトップクラスである。

２０２０年代には、第5世代移動体通信技術（５Ｇ）に移行する。５Ｇは、大量のデータを低コスト・低消費電力、超高速で送信することを実現する技術をいう。

５Ｇの特徴は、①４Ｇと比較して１，０００倍の移動通信容量（大容量化）、②10Gbps以上のピーク速度（超高速化）、③１ミリメートル秒以下の遅延（低遅延化）、④１００倍の接続機器数（多数接続）、⑤低消費電力化、である。５Ｇは、単に４Ｇを置き換えるだけではなく、ＩｏＴ、自動車、産業機器、スマートメーター（通信高機能電力メーター）の新市場創出の主要技術として期待されている〔総務省「電波政策２０２０懇談会 報告書」（２０１６年7月）57～77頁参照〕。

さらに、トヨタ自動車は、自動運転向けＩｏＴで世界最高水準の技術を持つ。ＩｏＴでは、高度なセンサや電子部品が不可欠である。ＩｏＴ向けデバイスでは、セラミックコンデンサなどで世界1位のシェアを持つ村田製作所、そして、オムロン、京セラ、ＴＤＫ、日本電産が世界的な競争力を持つ。

ＥＶも、ロボットも、機械工学とエレクトロニクスの融合であるメカトロニクスの技術が勝負を決める。米国はＩＴに強いが、自動車などの機械工学は強くない。ドイツは機械工学に強いが、ＩＴには強くない。ＩＴと機械の両方に強い日本は、メカトロニクスの世界のリーダーになりうる。近年では、完成品や素材メーカーがＥＶ用のデバイスに本格進出しており、おもなものとしてソニー、パナソニック、旭化成が挙げられる。

オーナー系企業の強力なリーダーシップ

ＡＩ革命において勝ち抜くための条件として、「強力なリーダーシップを持つ企業」が挙げられる。グローバル化、ハイテク化が進むなかで、特に、ＩＴ業界では強力なリーダーの存在が不可欠である。技術の変化の速度が遅い時には、日本型のボトムアップ的な意思決定でも大きな問題はなかった。しかし、変化の激しいグローバル化時代には、トップダウン型の迅速な経営判断が重要となる。

6−3　世界と日本の過去5年時価総額増加額上位10社（オーナー系企業は太字）

	世界	国	時価総額（兆円）	増加額（兆円）	日本	時価総額（兆円）	増加額（兆円）
1	**アマゾン・ドット・コム**	**米国**	**87.0**	**73.5**	**キーエンス**	**8.1**	**6.2**
2	**フェイスブック**	**米国**	**61.1**	**54.6**	任天堂	6.4	4.9
3	アップル	米国	101.0	54.6	ソニー	6.5	4.5
4	**アルファベット**	**米国**	**83.4**	**51.7**	NTTドコモ	10.7	4.1
5	**マイクロソフト**	**米国**	**83.5**	**51.5**	**日本電産**	**5.0**	**4.0**
6	**テンセント・ホールディングス**	**中国**	**53.2**	**45.1**	NTT	10.7	4.0
7	**バークシャー・ハサウェイ**	**米国**	**52.0**	**21.0**	KDDI	7.5	3.3
8	ユナイテッドヘルス・グループ	米国	25.5	18.5	資生堂	3.5	2.9
9	JPモルガン・チェース	米国	40.1	17.4	オリエンタルランド	4.1	2.8
10	ビザ	米国	29.4	16.7	花王	4.2	2.5

注：2018年5月末時点、1ドル110円で換算。5年前未上場企業を除く。
出所：ブルームバーグ、Astra Manager

世界の株価上昇を牽引しているのが、米国と中国の巨大IT企業である。過去5年間の世界の時価総額増加額上位10社のうち9社が米国、そして、1社が中国企業である。時価総額増加額3位のアップルも、2011年に死去した創業者スティーブ・ジョブズが開発したスマートフォンが2010年代の業績を牽引したので、実質的にはオーナー系企業に近い。

過去5年間の世界の時価総額増加額1位であるアマゾンは、世界的なオンラインショッピング企業である。画期的なサービスを繰り出して、世界の小売の概念を大きく変えている。しかし、小売業では、アマゾンは赤字であり、利益のほとんどは、クラウドサービス事業で生んでいる。

つまり、小売については、利益を再投資に充て、サービスの進化に集中している。利益を短期に極大化したければ、先行投資を減らせばいい。しかし、長期を見据えて、米国のみならず、全世界に展開することを優先させている。その結果、米国内は黒字だが、国外で赤字、そして小売部門全体では赤字なのである。これも、オーナー経営者だからできることかもしれない。

日本の時価総額増加額上位では、キーエンス、日本電産がオーナー企業に該当する。非オーナー系企業では、任天堂、ソニーの株価上昇率が高い。

ソフトバンク・ビジョン・ファンドとは何か

日本のオーナー系企業で時価総額が最大なのがソフトバンクである。１９８１年に、孫正義により設立されたソフトバンクは、元々、パソコン用パッケージソフトの流通事業を主力としていた。ソフトバンクという社名は、ソフトウェアの流通バンクに由来する。１９９４年に、株式を公開（店頭登録）したソフトバンクは、新規分野への進出を積極的に繰り返し、情報革命を軸に大胆な業態転換に成功した。

事業内容は、商社から、投資会社へ、そして携帯電話会社と大きく変わった。しかし、創業以来、「情報革命」という軸には、まったく変化はない。創業当時のパソコン、1990年代後半のインターネット、2000年代のブロードバンド、現在のスマートフォンに代表されるモバイル・インターネットなど、最先端のIT技術のリーダーとなってきた。

また、グローバルな大型買収や投資に成功している。1995年のヤフーへの出資、2004年の日本テレコム買収、2006年のボーダフォン日本法人買収、2013年の大手米国通信企業スプリント買収、2016年の英国半導体設計会社ARMホールディングス買収などが代表例である。2000年に、創業直後の中国のアリババに約20億円投資した。それが今ではソフトバンクの持分は16兆円である（2017年末時点で経済持分の29パーセントを保有）。このように、孫社長の成長企業を見出す眼力は素晴らしい。

2017年には、テクノロジー企業に投資を行うソフトバンク・ビジョン・ファンドを設立した。10・4兆円（917億ドル）の資産規模のファンドで、サウジアラビアなどが出資する。エヌビディア、アームなどテクノロジー企業に投資している。セグメント別営業利益では、ソフトバンク・ビジョン・ファンドおよびデルタ・ファンド事業が3、030億円と全体の23パーセントを占める（2017年度）。また、ファンドとは別に、ソフトバンクがウーバーと滴滴出行に129億ドル（1・4兆円）を投資している。

日本最大のIT企業キーエンス

かつて、日本のIT業界といえば、日立製作所、NEC、パナソニックなどが代表的な企業であった。ところが、現在、ITで最大の時価総額を持つのがFA用センサのトップ企業であるキーエンスである。現取締役名誉会長の滝崎武光が、1972年に、リード電機（現キーエンス）を創業した（1974年にリード電機株式会社設立）。

製品は幅広く、FA用センサ、測定器、ビジョンシステム、プログラマブル・コントローラ（PLC）をはじめとする高付加価値製品の製造・販売大手である。高位機種のデジタル・マイクロスコープ、3Dプリンタも手掛ける。新商品の約7割は「世界初」もしくは「業界初」であり、世の中に望まれる以上のモノを生み出していくという挑戦が、開発力の源泉となっている。

オーナー企業であるため、その経営はたいへん特徴的である。2017年度の営業利益率55・6パーセント、ROE16・4パーセントと高い収益率を誇る。自己資本比率は92・9パーセントと高く、内部留保（利益剰余金）は1・3兆円、そして手元流動性は、8、0

77億円である。配当性向は6・3パーセントと、東証1部平均の29パーセントを大きく下回る。過度に強固なバランスシートであるともいえる。

キーエンスは、高収益に加え、高年収でも知られ、過去5年の年収増ランキングで、日本1位である〔田中久貴「過去5年で「給与も従業員数も増えた」500社 1位キーエンスは5年で「500万円強」の年収増」(東洋経済オンライン、2018年6月12日)〕。直近の平均年収は1、861万円で、2012年3月期の実績と比較して539万円増加させている。

ビジネスモデルの転換に成功したソニー

過去5年間に大きく変身したのがソニーである。自らのDNAを軸にビジネスモデルを大転換しつつある非オーナー企業の代表例である。

ソニーは、1946年に、創業者である井深大、盛田昭夫が東京通信工業を設立したのが発祥である。ソニーと言えば、オーディオ・ビジュアル(AV)機器メーカーのイメージが強いが、最初に発売した商品は電気炊飯器であった。しかし、これはビジネスとして成功せず、東芝が事業化に成功した。次に開発したのが電気ざぶとんであり、収益化に成功した。

そして、テープレコーダー（１９５０年発売）、トランジスタラジオ（１９５５年発売）が成功し、ソニーは世界的なＡＶ機器メーカーへと成長していった。その後、ソニーは、ベータマックス、ウォークマン、コンパクトディスク（ＣＤ）、ハンディカムシリーズ、ミニディスク、ＶＡＩＯ、プレイステーションなど、新たな市場、ライフスタイルを創造する製品を開発してきた。

１９６８年に、ソニーは、音楽事業の日米合弁会社シービーエス・ソニーレコード（現ソニー・ミュージック・エンタテインメント）を設立した。これが、現在の音楽事業のルーツである。さらには、ＣＤの技術がその後のゲーム事業を生んだ。１９７９年には、生命保険事業の日米合弁会社ソニープルーデンシャル生命を設立した。男性が販売するコンサルティングモデルを生保業界に持ち込んだ。これが、現在の金融事業のルーツである。

１９９０年代後半以降、ソニーは、画期的なビジネスを創り出すことができず、業績が低迷した。しかし、２０１２年に、平井一夫（現会長）が社長に就任し、テレビ、パソコンなどソニーらしさが薄れた事業を売却、あるいは分社化した。

そして、収益源は、かつての家電から、ソニーらしさを色濃く残すゲーム＆ネットワークサービス、金融、デバイス（CMOS イメージセンサー）に移行した。とりわけ、ゲームとそのプラットフォームは他社の追随を許さない独自性を持つ。このように、ソニーの復活は、自身のDNAに回帰したことに起因すると考えられる。

3　2020年代に向けての日本株相場の展望

高値波乱相場の色彩が強まる

以上を総合すると、AI革命を中心とするミクロ要因の主導によって、2020年代を見据えて、世界の株式相場の上昇は続きそうである。基本的に株価が上昇を続けると考えられる要因は、①世界経済の拡大、②インフレ率、金利、為替相場の安定、③AIを中心とする技術革新、④国際情勢の安定である。

一方で、世界の株式相場の行方に関していくつかの不安要素もある。

第一に、株価上昇期間が、9年間以上と長期にわたり、かつその上昇率も大幅であるという点である。「10年に一度バブルがやってくる」、あるいは「バブルは崩壊して初めてバブルとわかる」のであれば、そろそろ心配な時期でもある。

第二に、トランプ政権の外交安全保障政策である。軍事攻撃については、比較的慎重な姿勢を取っているものの、貿易戦争という意味ではむしろ攻勢を強めている。トランプ政権は、２０１８年の中間選挙だけでなく、２０２０年の大統領選挙を控えているので、保護主義的な政策が簡単に収まるとは思えない。

第三に、トランプ政権の経済政策である。財政収支の赤字と経常収支の赤字の拡大が、最終的には金融市場に大きなひずみを生むことは、必然である。金融市場の大きなひずみとして、イタリア国債の急落、アルゼンチンの金融危機、ブラジルやトルコなど新興国通貨の急落などで顕在化している。

現在、トランプ政権がとるべき経済政策は、減税分を穴埋めする大規模な歳出削減である。これにより、財政収支が改善し、同時に経済成長率もスローダウンする。これは、米国金利に下方圧力をかけるため、新興国通貨に対するドル安は収束することが考えられる。しかも、経常赤字拡大への歯止めが期待される。

ただし、国政選挙を控えて、トランプ政権が選挙民に不人気な大規模な歳出削減に踏み込む可能性は低い。そもそも、米国では、予算編成は議会の権限であって、大統領には拒否権があるに過ぎない。よって、マクロ経済上のリスクが残ると考えられる。

日銀による日本株購入は持続する

日本の独自要因として、日銀の政策の影響は大きい。黒田東彦日銀総裁による異次元の金融緩和は経済再生という当初の目標を達成し、大成功を収めた。異次元の金融緩和の中核は、日銀による国債の大量購入だが、同時に株価指数連動型上場投資信託（ETF）の購入の影響も大きい。

2010年に、日銀がETFの買入れを開始した。資産買入等の基金が設置され、1年間で0・45兆円を上限とした。黒田総裁就任後、2013年の「質的・量的緩和」において、ETFの買入れ額が年間1兆円とされた。2014年に3兆円、そして、2016年には6兆円に増額された。なお、日銀が株式を買い入れたのは小泉政権時の2002年から2004年の合計約2兆円が最初である。

日本では、株価がバブル崩壊後の高値を更新し、景気が比較的好調である。にもかかわらず、日銀が大規模な金融緩和と年6兆円ものETF購入を続けている。

山が高ければ、谷は深い。バブル発生とバブル崩壊は避けられないにしても、山の高さを抑制することによって、谷を浅くすることは可能である。過度な金融緩和を持続すると、極端な株高が発生し、やがてそれはバブルに転化しよう。歴史の教訓に学んでいる欧米の中央銀行は、すでに、過度な金融緩和を修正する方向に向かって動き始めている。同様に、日本も成功している間に、金融緩和から撤退することが期待される。

責任の所在が曖昧になりやすい日本の組織は、日中戦争や太平洋戦争の例のように、勝っているうちに戦略的に撤退することが苦手である。多くの人が賛成するため、株式の買い判断は実行しやすいが、売りの判断は、それがきっかけで相場が大きく崩れるリスクがあるので、政策当局者はどうしても躊躇する。

第二期の安倍政権は、4度にわたる国政選挙でインフレ目標2パーセント達成を公約に掲げ、いずれも圧勝した実績がある。異次元の金融緩和発動以来、すでに、5年以上経過しているが、インフレ率は0パーセント台にとどまる。金融緩和によって、インフレ目標2パーセントが達成されない可能性が高いので、安倍政権である限り、ETF買いが続くと考えるのが自然である。

さらに、株価が急落する場面があれば、ETFの購入額を年6兆円から大きく引き上げる可能性もあろう。したがって、次のバブル崩壊で株価が大きく下落しても、日銀がET

Fを積極的に買い増して、対応することが考えられる。このため、次回の株価下落時には、過去の急落ほど下げ率が大きくないかもしれない。

すでにバブルは発生しているのか

歴史の教訓として、① 現在の上昇相場はすでに成熟局面に入っている、② 株価が転換点を迎えると急落する可能性が高い、③ その引き金は海外要因になる可能性が高い、ことがいえる。このため、地政学リスクの高まり、あるいは米国の「双子の赤字」の悪化などがきっかけとなって、バブルが崩壊する可能性がある。

最近、有事の円買いの傾向がある。日本の対外純資産は世界最大であり、世界の市場がリスクオフの場合、安全資産とみられる円に資金が集中する傾向がある。日本企業のグローバル化が進んでいるため、円高は日本の株安要因でもある。実際に、リーマン・ショック時には、記録的な円高と株安が発生した。

以上を総合すると、将来、海外の地政学的な要因などに起因して世界の株価が急落し、同時に、日本では円高株安が発生するリスクがある。現在のように長期上昇相場の成熟時期には、以下の戦略が有効であると考えられる。

1、長期的に成長する企業に選別投資する

高値波乱リスクが高まるなかでは、個別銘柄選択が重要である。永遠に上がり続ける株はない。よって、1、2年程度は株価が急落することもあるという前提で、長期成長株を買うことが有効である。

たとえば、ソフトバンクは、ＩＴバブル崩壊とリーマン・ショックと大きな危機を経験した。しかし、それらを乗り越えて、ソフトバンクは成長し続けている。ＩＴバブル崩壊直前期の純利益は375億円（1998年度）、リーマン・ショック直前期は1、086億円（2007年度）、そして2017年度は1・0兆円と、ピーク利益は史上最高を記録してきた。同様に、日本電産、キーエンス、ファナックなども、危機を乗り越える度に、ピーク利益は史上最高を記録してきた。経営力のある企業は、仮に、今後、バブル崩壊があったとしても、早期に回復し、ピーク利益を更新することが期待される。

2、グローバルに投資する

世界を見渡すと、ＡＩ革命のリーダーは、アルファベット、アマゾン、フェイスブック、マイクロソフト、アリババなど多彩である。日本企業も、ロボットやＥＶのデバイスでは

6−4　世界と日本の配当利回り上位10社

	世界	国	配当利回り（%）	日本	配当利回り（%）
1	中国移動	香港	9.2	日産自動車	4.9
2	リオ・ティント	英国	6.3	JT	4.8
3	AT&T	米国	6.1	SUBARU	4.3
4	BHPビリトン	オーストラリア	5.4	キヤノン	4.3
5	GE	米国	5.1	武田薬品工業	4.0
6	ベライゾン・コミュニケーションズ	米国	4.9	丸紅	3.7
7	BATS	英国	4.8	三井物産	3.7
8	トタル	フランス	4.8	三菱商事	3.6
9	アルトリア・グループ	米国	4.7	JFEホールディングス	3.6
10	アンハイザー・ブッシュ・インベブ	ベルギー	4.5	NTTドコモ	3.5

注：配当性向100％以下、時価総額上位100社対象（金融除く）。2018年5月末時点。
出所：ブルームバーグ、Astra Manager

世界をリードできるが、オンラインショッピングやスマートフォンの技術やビジネスにおいて、海外企業に太刀打ちできない。たとえば、確かに、楽天は素晴らしい会社だが、世界レベルでアマゾンには勝てない。

そこで、世界全体に投資対象を広げることが望ましい。今では、オンライン証券を通じて、外国株を気軽に買うことができる。また、リスク分散のためにも、海外投資することは有効である。

3、ポートフォリオのベータを下げる

株式投資枠を100パーセント使って、同時にインデックス・ファンドに投資すると、株式ポートフォリオのベータは1になる。つまり、その投資家の株式投資枠はTOPIXなどの株価指数とほぼ同じ動きをする。株式ポートフォリオの変動率を株価指数よりも小さくすることができる。これを、ベータを下げるという。ベータを下げるには、①株式を売って、現金比率を高める、②ベータの低い株式（ディフェンシブ銘柄）を中心に投資する、という手法がある。

世界では、配当利回りの高いディフェンシブ銘柄が多くある。通信や食品・タバコがその代表格である。そこで、配当利回りが高く、かつ配当が成長する企業に長期投資するという戦略もある。これにより、ベータを下げることができる。

個人投資家が長期投資で成功するための戦略

「個人投資家が長期投資で成功するための戦略」といっても、特別な秘策はない。低コストで、グローバルに分散投資するのが、長期的に成功するための王道である。

プロのファンドマネージャーでも、長期的に株価指数を上回る投資収益率を実現することは著しく難しい。同様に、特殊なケースを除き、個人投資家が、株式の運用において、長期的に株価指数を上回る投資収益率を実現することはたいへん難しい。

アクティブ運用が付加価値を生むことができない現象を、効率市場仮説と呼ぶ。これは、世界的に証明された理論である。もちろん、小規模の資金であれば、個別銘柄を売買して、高収益を得ている投資家もいることだろう。

2012年以降、小型株優位の上昇相場だったので、株価指数を上回ることは難しくなかった（ベータが高い）。ただし、急落相場では、これまで高収益を得てきた投資家は、平均よりもはるかに大きな損失を被る可能性がある。

個人投資家が長期投資で成功するためにもっとも有効な戦略は、売買コストを下げることである。将来の相場は誰にもわからない。しかし、投資にかかわるコストはおよそ読める。

たとえば、一般的な投資信託は、買い付け時に売買代金の3パーセントから4パーセントの販売手数料を、さらに残高に応じて、年1・5パーセント前後の信託報酬を証券会社などに支払う必要がある。仮に、10年間保有すると、元本に対して20パーセント弱の報酬を支払う必要がでてくるのだ。そこで、20パーセント近いコストをいかに下げるかが、長期投資における勝利の方程式となる。

個人投資家が、低コストでグローバルに株式運用することは容易でない。個別の銘柄で売買すると、売買手数料や為替手数料などのコストが上乗せされる。大手証券を通じて、個別の外国株式を買い付けると、３パーセント前後の売買手数料がかかることがある。それに、為替手数料が加わる。

低コストでグローバル投資するには、株価指数に連動するＥＴＦに投資するのが有効な手段である。米国では、世界の様々な株式、債券などに幅広く投資するＥＴＦが数多く上場している。

ＥＴＦの最大の長所は、売買が容易であり、かつコストが低いことである。たとえば、米国株（S&P500）連動型であれば、年間の運用報酬率は０・05パーセント前後のＥＴＦがある。オンライン証券で取引すれば、売買手数料や為替手数料もたいへん小さい。そのため、ＥＴＦは、10年間保有しても、総コストが元本の１パーセント以下と、通常の投信よりもかなりコストが低い。

今後、10年間、相場がまったく横ばいで推移すると、コストが高い一般的な投信の場合、元本１００万円が10年後には80万円強まで減ってしまう。もし、株価が10パーセント上がっても、投資家は10パーセント近く損をしてしまう。それが、低コストのＥＴＦであれば、元本１００万円が、10年後には99万円前後にとどまる。

この投資戦略は、長期にわたって、堅実に投資成果を上げたいという人には有効である。ただし、「個別銘柄を売買するのが趣味」という人には向かない。

株価下落を喜べるようになると一人前

いつかはわからないが、株価の下落局面が来ることになろう。しかし、株価が永遠に上がり続けることはないのと同様に、株価が永遠に下がり続けることもない。株価の上昇期間に比べて、株価の下落期間は相対的に短いものだ。

たとえば、日本のバブルの場合、日本株（日経平均）の上昇期間が7年2ヵ月、下落期間は2年8ヵ月であった。ＩＴバブルの場合、米国株（S&P500）の上昇期間が12年3ヵ月、下落期間は2年6ヵ月、米国住宅バブルは、上昇期間が5年、下落期間は1年5ヵ月だった。

平均すると、上昇期間が約8年、下落期間は約2年と、下落期間の方が圧倒的に短い。ただし、日本のバブル崩壊のように、28年以上経ても、株価は史上最高値に遠く及ばない場合がある。だからこそ、世界的に分散投資することが望ましい。

世の中の多くの株式評論家は、「株はますます上がる」と予想する。しかし、筆者は、

「株価が永遠に上がり続けることはなく、すでに多くのリスク要因が顕在化している」と考える。それほど遠くない時期に、1、2年程度の期間ながらV字型の株価下落と上昇が発生することが考えられる。

株価の底で、頭を抱えていたのでは儲からない。「リーマン・ショックのような円高株安がやってくる」というのは、グローバル株式投資の絶好の買い場がやってくるということである。株価の急落時には、足がすくんで買い向かうのが難しいものだ。

マクロ要因などによって、相場が崩れたとしても、ＡＩ革命などによる技術革新が続き、ミクロ要因が好調を続けるのであれば、相場は必ず反転する。そこで、長期成長株をグローバルに分散して淡々と買い増すことが望ましい。

結論として、基本的に世界の株価は上がると予想するが、地政学リスクや米国「双子の赤字」のリスクが高まるなかで、高値波乱の様相が強まるであろう。よって、今こそ、攻め中心の平時の投資戦略から、攻防のバランスの取れた高値波乱時の投資戦略に切り替えることを検討するタイミングであると考える。

おわりに

毎週、必ずみるテレビ番組がある。NHKのEテレ（旧教育テレビ）で放送している「高校講座」の日本史と世界史である。毎回録画しておいて2倍速で再生してみている。毎年4月に始まり、翌年3月でそれぞれの歴史を教え終わるのだが、何年も繰り返して視聴してきた。

なぜ、そうした番組を毎年繰り返し見続けているのか。それは、歴史を知ることが未来を見通すヒントになると信じているからである。短期的な市場に目を奪われると全体がみえなくなる。そこで、歴史的な視点から株式市場を研究すると、景色が違ってみえてくることがある。

本書でもっとも言いたいことは、株式市場は「経済の鏡」ではなく、長期的に、株価は企業の成長性で決まるということである。AI革命で、自動運転、ロボット、フィンテックと大きな新市場が生まれる。よって、長期的に、世界の成長企業の株価上昇は大いに期待できる。

ただし、短期的には株価が急落するリスクがあると考える。株価急落におびえるか、株価急落を喜ぶかは、勝負の分かれ目である。株式市場では「おしめ（押し目）が取れたら一人前」という。読者の多くが、逆張りに成功することを期待している。

毎月の一橋大学大学院における研究会や、シリコンバレー、イスラエルの視察などにおいて、東洋大学教授、慶應義塾大学名誉教授である竹中平蔵氏には、様々な示唆を頂戴した。また、本書は、平凡社新書編集部の和田康成氏のおかげで、リーマン・ショックから10年をめどに発刊にこぎつけた。

筆者は証券界に入って38年になるが、その集大成をまとめ上げることができた。この場を借りて、心より感謝を表したい。なお、一橋大学大学院特任助教の東條愛子が執筆に協力したことを付記しておく。

2018年7月

藤田勉

【著者】
藤田勉（ふじた つとむ）
一橋大学大学院経営管理研究科特任教授。一橋大学大学院修了、経営法博士。シティグループ証券顧問。内閣官房経済部市場動向研究会委員、経済産業省企業価値研究会委員、シティグループ証券取締役副会長などを歴任。2006〜10年日経アナリストランキング日本株ストラテジスト部門5年連続1位。おもな著書に『バブルは10年に一度やってくる』（東洋経済新報社）、『最強通貨ドル時代の投資術』『フィンテック革命の衝撃』（ともに平凡社新書）がある。

平凡社新書892

バブル経済とは何か

発行日——2018年9月14日　初版第1刷

著者———藤田勉

発行者——下中美都

発行所——株式会社平凡社
東京都千代田区神田神保町3-29　〒101-0051
電話　東京（03）3230-6580［編集］
　　　東京（03）3230-6573［営業］
振替　00180-0-29639

印刷・製本—株式会社東京印書館

装幀———菊地信義

ISBN978-4-582-85892-1
NDC分類番号332.107　新書判（17.2cm）　総ページ264
平凡社ホームページ　http://www.heibonsha.co.jp/